Peter Ustinov

Baumeister des Friedens

Gespräche mit Jitzhak Rabin,
Schimon Peres,
Jassir Arafat
und Hanan Aschrawi

ECON Taschenbuch Verlag

Bildnachweis: alle Fotos dpa

Originalausgabe
Copyright © 1995 by ECON Taschenbuch Verlag GmbH, Düsseldorf
Umschlaggestaltung: Klaus Blumenberg, Bergisch Gladbach
Titelabbildungen: dpa
Lektorat: Ulrike Meiser
Gesetzt aus der Times, Linotype
Satz: Heinrich Fanslau GmbH, Düsseldorf
Druck und Bindearbeiten: Ebner Ulm
Printed in Germany.
ISBN 3-612-26233-5

Inhalt

Oben: PLO-Führer Jassir Arafat, Israels Außenminister Schimon Peres und Ministerpräsident Jitzhak Rabin (von links nach rechts). Am 10. Dezember 1994 wird ihnen feierlich der Friedensnobelpreis überreicht.
Unten: Stockholm, am 12. Dezember 1994. Schimon Peres (links) und Jassir Arafat (rechts) präsentieren der Öffentlichkeit eine Tafel, auf die sie beide das Wort »Frieden« gemalt haben.

»Im Krieg hat er sein Bestes gegeben, wahre Größe hat er im Frieden gezeigt.«
Jitzhak Rabin und der gefährdete Frieden

Am 4. November 1995, einem Samstag, hatte ich fast den ganzen Tag in einem Hamburger Schneideraum an einem Fernsehbericht über den Friedensprozeß im Nahen Osten gearbeitet. Die Dreharbeiten zu diesem Beitrag für das deutsche Fernsehen hatten mich nach Oslo, Jerusalem und Gaza geführt. Ich hatte meine Bekanntschaft mit Jitzhak Rabin, Schimon Peres, Jassir Arafat und Professor Hanan Aschrawi erneuert und mußte dann am Abend des Tages erfahren, daß einer der Baumeister des Friedensprozesses ermordet worden war.

Ich mußte dann daran denken, was meinem Treffen mit Jitzhak Rabin vorausgegangen war. Einen Tag zuvor hatte ich ihn und Schimon Peres zufällig im Gaza-Streifen getroffen. Peres gab mir ein Zeichen und hielt Rabin zurück, der gerade in seinen Wagen steigen wollte. Rabin kam die drei Schritte zu mir herüber, und ich sagte ihm: »Danke, daß Sie so weit gegangen sind, mir entgegenzukommen!« Er lachte verhalten und erklärte mit militärischer Präzision: »Wir sehen uns dann morgen um zwölf.« Wahrscheinlich war es Peres gewesen, der ihn zu dem Gespräch mit mir überredet hatte.

Die Sicherheitsmaßnahmen am anderen Tag, denen sich jeder unterwerfen mußte, dem man ein Interview in Rabins Büro gewährt hatte, waren überaus streng und unangenehm –

ganz offensichtlich hatten sie bei einer Friedensdemonstration unter freiem Himmel nicht ebenso erfolgreich angewendet werden können. Mein Paß wurde bis zum Ende des Interviews einbehalten, und man fragte mich, ob ich vielleicht Tränengas bei mir hätte. Die Gründlichkeit war verständlich, auch wenn ich spürte, daß sich auf meinem Gesicht ein anhaltender Ausdruck der Verwunderung abzeichnete. »Ich glaube nicht«, sagte ich und beklopfte mich überall, bis ich dann ein Nasenspray hervorzog und den Beamten hinhielt: »Ist es halbwegs das, was Sie suchen?« Beim Weggehen konnte ich es mir nicht verkneifen, den Sicherheitsleuten nachzurufen: »Ich gehe übrigens mit genau derselben Menge Tränengas hinaus, mit der ich gekommen bin.«

Während wir darauf warteten, daß die Scheinwerfer ausgerichtet wurden, nutzte ich die Gelegenheit, mir von dem Ministerpräsidenten einen ersten Eindruck zu verschaffen. Wir sprachen beide zunächst kein Wort. Ich bin schüchtern, und er war noch schüchterner. Vor mir saß offenbar ein sehr introvertierter Mann, der sich jedoch seiner überaus präzisen, im wesentlichen militärischen Einschätzung der begrenzten Möglichkeiten, die ihm offenstanden, ungemein sicher war. Allein die Tatsache, daß er bis zum Beginn des Interviews pausenlos rauchte, ließ die innere Anspannung erkennen, die er durch kühle Selbstdisziplin unter Kontrolle hielt.

Seine Nervosität deutete sich nur kurz in seiner Bemerkung an, daß es nicht gerade angenehm sei, wenn sich draußen vor seinem Amtssitz 100 000 Demonstranten drängten und »Mörder« und »Verräter« schrien.

Dann, als hätte er sich eine peinliche Indiskretion oder, noch schlimmer, eine Schwäche zuschulden kommen lassen, lächelte er matt und fügte hinzu: »Es macht mir nichts.« Er sagte das zweifellos, um sich selbst zu überzeugen. Inwieweit ihm das gelungen ist, werde ich nie erfahren. Mir hat er damit nur gezeigt, wieviel es ihm ausmachte und wie verletzlich er auf grundlose Feindseligkeit reagierte, selbst wenn er aufgrund seiner Rationalität Widersachern nie auch nur den geringsten Anlaß zu Genugtuung bot. Die Zahl 100 000 stammte übrigens von ihm. Ich gebe sie hier nur wieder.

Als das eigentliche Interview begann, hatte er sich voll und ganz in der Gewalt, und in seiner etwas düsteren Rhetorik war keine Spur von Zweifel oder Unsicherheit zu erkennen. Er gehörte zu den wenigen eindrucksvollen Menschen, die durch ihre zahlreichen Erfolge als militärische Führer zu einer tieferen Einsicht in die dringende Notwendigkeit des Friedens gelangen. Anders ausgedrückt, er sah ein, daß rasche militärische Aktionen mitunter unerläßlich sind, aber im Grunde seines Herzens war er überzeugt, daß Erfolge auf dem Schlachtfeld letztlich fruchtlos sind und einen bitteren Nachgeschmack hinterlassen. Ganz allmählich wurde die wesentlich größere Herausforderung, Frieden in einer Region zu schaffen, die von der Geschichte zu Konflikt und Unverständnis prädestiniert ist, zu seiner Lebensaufgabe.

Meine Versuche während des Interviews, auch eine andere Seite seiner Persönlichkeit sichtbar zu machen, blieben letztlich vergeblich. Nur einmal gelang es mir, ihn aus der Reserve zu locken. Ich hatte die Kühnheit besessen anzudeuten, daß die fanatischen Extremisten unter Israelis und Palästinensern, obwohl sie einander feindlich gegenüberstehen, doch im Grunde in ihrer Bereitschaft zum Terror Verbündete sind, die vernünftige Menschen auf beiden Seiten zum gemeinsamen Dialog und letztendlich zur Einigung treiben.

Rabin widersprach mir sofort und behauptete mit Nachdruck, daß die Extremisten auf beiden Seiten nicht miteinander zu vergleichen seien. Er betrachtete die Hamas und andere islamische Terrorgruppen als Organisationen, die von jedem zivilisierten Land abgelehnt werden müßten. Terrorismus war für Rabin ein Wort, das im Kontext des Nahen Ostens ausschließlich auf Araber zutraf, die zudem noch vom Iran unterstützt wurden. Er war lediglich bereit zuzugestehen, daß auch Israel, wie jedes andere Land, sich nicht davon freisprechen kann, daß hin und wieder aus seinen eigenen Reihen ein Fanatiker hervorgeht, der zu Greueltaten fähig ist.

In dem Blutbad, das ein Israeli im Februar 1994 in einer Moschee in Hebron im Westjordanland unter betenden Arabern angerichtet hatte, sah Rabin folglich nur die wahnsinnige Tat eines einzelnen. Er äußerte sein Entsetzen über das Verbrechen und stellte fest, daß ihm die Tatsache, daß es sich bei dem Mörder um einen Juden gehandelt hatte, mit Scham erfüllte. Ich frage mich, wie er wohl auf den Anschlag gegen ihn reagiert hätte, wenn er ihn überlebt hätte.

Führende jüdische Politiker können sich nur schwer an den Gedanken gewöhnen, daß auch Juden zu einer politischen Verschwörung fähig sind.

Daß in der Menge, die gegen Rabin demonstrierte, auch eine Karikatur herumgetragen wurde, die ihn in der Uniform eines SS-Offiziers zeigte, verrät zum einen unmäßigen Haß, zum anderen einen derart grotesken Mangel an Geschmack, daß er sogar den Holocaust verspottet. Das ist schwer zu ertragen.

Daß der Täter ein jüdischer Jurastudent ist, erscheint weniger unglaublich, wenn wir uns daran erinnern, daß Stalin, der Atheist, einst ein Priesterseminar besuchte.

Noch im Tode gehörte der Augenblick Rabin. Sein Freund und ehemaliger Rivale Schimon Peres hat es äußerst treffend formuliert: »Im Krieg hat er sein Bestes gegeben. Wahre Größe hat er im Frieden gezeigt.«

Peres ist ein Mann völlig anderer Prägung, und gerade dieser Umstand machte die beiden zu einem hervorragenden Team, das die Interessen des gesamten Nahen Ostens berücksichtigen konnte. Peres ist philosophisch und eloquent mit einer reichen, biblischen Sprache, ein Visionär, vielleicht ein Prophet – schließlich stammt er aus einem Land, wo das nicht ungewöhnlich ist. Es stimmt vermutlich, daß er nicht das gleiche Gefühl von Sicherheit vermitteln kann, wie es Rabin mit seiner kargen und knappen Art vermochte, aber er ist die wärmere, einfühlsamere Persönlichkeit von beiden. Bezeichnenderweise empfing Rabin mich in seinem Büro – Peres in seiner Küche.

Peres begab sich während des Interviews bereitwillig auch auf Territorien, die er bislang nicht betreten hatte. Ein wenig erinnerte er mich an Michail Gorbatschow, wie er die Notwendigkeit eines neuen Denkens einforderte. Nach dem Gespräch hatte ich das zufriedene Gefühl, wir hätten zusammen ein nicht alltägliches Abenteuer erlebt. Rabin hingegen behandelte mich mit höflicher Zurückhaltung. Den menschlichsten Moment erreichten wir ganz am Ende des Gesprächs, als ich ihm dankte: »Als ehemaliger Gefreiter salutiere ich!« Er antwortete: »Als Exgeneral akzeptiere ich das.«

Was Arafat betrifft, so wurde Rabin nur langsam mit ihm warm, weil er zunächst von dessen Verstrickung in den Terrorismus überzeugt war. Dann kam der erste zögerliche Händedruck vor dem Weißen Haus in Washington. Zum Schluß war ein Händedruck zwischen den beiden kaum noch eine Nachricht wert, weil er, in Rabins eigenen Worten, zur Regel geworden war.

Für Peres war der Friede mit den Palästinensern von jeher eine notwendige Konsequenz. Diese Haltung hat er nie in Frage gestellt, und es ist sein ewiges Verdienst, daß er Rabin diese Möglichkeit nahebrachte. Es ist Rabins Verdienst, daß er, obwohl er nur allmählich überzeugt werden konnte, den Mut fand, das große Wagnis auf sich zu nehmen.

Aus dem Tode von Jitzhak Rabin ist eine schreckliche Lehre zu ziehen, eine Lehre, die er selbst nie akzeptieren wollte. Diese Lehre lautet, daß israelische Terroristen ihren palästinensischen Pendants an Kälte, Brutalität und Unmenschlichkeit in nichts nachstehen.

Wir haben im Fernsehen nicht nur die große Zahl von Trauernden in einem Meer flackernder Kerzen gesehen, sondern auch einige Siedler, bärtige biblische Gestalten, die mit der denkbar größten Gelassenheit erklären, wie froh sie über Rabins Tod seien und daß sie den Nazi Jassir Arafat und seinen Freund Schimon Peres am liebsten auch schon unter der Erde sähen.

Die Beiläufigkeit, mit der sie ihre Gedanken äußern, macht diese nicht weniger widerwärtig. Rabin stellte mir gegenüber fest, daß Arafat seine Fanatiker unter Kontrolle bringen muß, bevor es einen bindenden Vertrag geben kann, aber, ehrlich gesagt, wie kann man erwarten, daß Arafat sich auf einen Machtkampf mit der Hamas einläßt, wenn Israel derart nachsichtig mit seinen Verrückten umgeht und bei Landenteignungen und Gewalttaten ein Auge zudrückt?

Die Warnung an Israel ist klar. Es muß seine eigenen Sektierer unter Kontrolle bringen: Sie unterliegen nun seiner Verantwortung und können nicht mehr als ein Haufen harmloser Exzentriker betrachtet werden. Diese Leute wollen ein Großisrael, so wie die Chauvinisten auf dem Balkan ein Großserbien anstreben – nur daß sich die israelische extreme Rechte auf die Bibel beruft. Mit der gleichen Berechtigung könnten die Bewohner Roms heute all die Steuern eintreiben wollen, die seit dem Untergang des Römischen Reiches nicht mehr gezahlt wurden. Schließlich heißt es in der Bibel: »Gebt dem Kaiser, was des Kaisers ist, und Gott, was Gottes ist.« Es ist lächerlich, die ganze Weltgeschichte zurückdrehen zu wollen.

Was die Palästinenser betrifft, so müssen sie früher oder später politisch erwachsen werden, um ihren vollen Beitrag zur Stabilität in der Region leisten zu können. Peres scheint das besser zu verstehen als Rabin.

Man kann nicht erwarten, daß Jassir Arafat alles allein macht. Niemand kann das leisten, auch Arafat nicht, der von morgens acht bis zum nächsten Morgen um drei in seinem Büro sitzt und abends schon nicht mehr weiß, was er alles unterschrieben, zugesagt oder abgelehnt hat. Bezeichnend, daß ich fünfzehn Anläufe brauchte, bis unser Gespräch zustande kam.

Arafat sollte zum Präsidenten auf Lebenszeit ernannt werden und die weniger heroischen Aufgaben, die mit der Verwaltung eines neuen Staates entstehen, an die zahllosen hochqualifizierten und häufig brillanten Köpfe delegieren, die ihm zur Verfügung stehen.

Währenddessen hat Israel von den Verschwörern in Teheran weniger zu fürchten als von denen zu Hause, die den Lauf der Geschichte ändern wollen und sich aufführen, als würden sie Gott schon aus den Zeiten kennen, als er noch ein ziemlich ratloses Bürschchen war.

Rabin war ein Mann, der Vertrauen erweckte. Die Mehrheit, die begriffen hat, daß Zugeständnisse unerläßlich sind, konnte sich bei ihm sicher sein, daß es keine unbegründeten Konzessionen geben würde. Peres hat von Anfang an daran geglaubt, daß Frieden möglich ist. Wenn es Zweifel an seiner Person gibt, dann lediglich aufgrund der Größe seiner Vision. Jetzt, da er recht behalten hat, ist sein Leben doppelt wertvoll. Es muß besser geschützt werden, im Interesse der gesamten zivilisierten Welt.

Peter Ustinov   im November 1995

Gespräche mit den Baumeistern des Friedens

Jitzhak Rabin (1. März 1922 bis 4. November 1995).

Jitzhak Rabin, 1922 bis 1995

1. März 1922 Jitzhak Rabin wird in Jerusalem geboren. Er absolviert die Agrarakademie »Kadoorie«.

1941 Nach Einführung in die Haganah (illegale Miliz der zionistischen Bewegung) durch Moshe Dayan nimmt er an einer Operation der Palmach in Syrien teil. Seine Militärlaufbahn beginnt.

1942 – 1945 Er wird zum Zugführer befördert und 1945 stellvertretender Befehlshaber der Operation, mit der zweihundert illegale Einwanderer aus dem Internierungslager von Atlit befreit werden.

Juni 1946 Jitzhak Rabin wird am sogenannten »Schwarzen Samstag« zusammen mit mehreren hundert jüdischen Führern von den Briten verhaftet und verbringt sechs Monate im britischen Internierungslager in Rafah.

Oktober 1947 Rabins Ernennung zum Vizekommandeur der Palmach. Er dient unmittelbar unter General Allon.

Frühjahr 1948 Er führt mit der Harel-Brigade die Operation »Nahshon« durch und kämpft die Straße zum belagerten Jerusalem sowie die Viertel Katamon und Sheikh Jarrah frei.

Bis 1949 Unter General Allons Oberbefehl nimmt Rabin an den Schlachten um Lod Ramle teil und leitet als Chef des Operationsstabes der Südfront das Unternehmen »Horev«: die Gegenoffensive, bei der die Negevwüste und Eilat eingenommen werden. Er ist Mitglied der Delegation, die 1949 in Rhodes die Waffenstillstandsvereinbarungen mit den arabischen Staaten unterzeichnet.

1953 Diplom der Stabsakademie in England.

1954 – 1956 Rabin leitet nun das Ausbildungswesen und wird zum Brigadegeneral befördert.

1956 – 1964 Er dient als Stabsoffizier beim Nordkommando, ist von 1959 bis 1960 Chef des Operationsstabes und wird 1961 zum stellvertretenden Stabschef ernannt. Ab 1. Januar 1964 ist er siebter Generalstabschef der israelischen Verteidigungskräfte.

Vom 5. – 10. Juni 1967 Als Generalstabschef führt Rabin die israelischen Streitkräfte zum Sieg im Sechs-Tage-Krieg.

1. Januar 1968 Er scheidet aus der Armee aus und wird Botschafter in den Vereinigten Staaten; diesen Posten bekleidet er fünf Jahre lang.

Frühjahr 1973 Rabin kehrt nach Israel zurück und betätigt sich in der Arbeitspartei. Im Dezember 1973 wird er in die Knesset gewählt.

1974 Als Golda Meïr im April 1974 ihre Regierung bildet, ernennt man ihn zum Arbeitsminister. Nach Golda Meïrs Rücktritt, am 2. Juni 1974, spricht die Knesset einer neuen

Regierung unter Führung von Ministerpräsident Jitzhak Rabin ihr Vertrauen aus.

1974 – 1977 Unter seiner Leitung widmet die Regierung ihre besondere Aufmerksamkeit der Steigerung der Leistungsfähigkeit der Wirtschaft, der Lösung der sozialen Probleme und der Verstärkung der Streitkräfte. Mit amerikanischer Vermittlung werden 1974 Disengagementabkommen mit Ägypten und Syrien unterzeichnet, an die sich 1975 ein Interimsabkommen mit Ägypten anschließt. Im weiteren Verlauf des Jahres 1975 unterzeichnen die Regierungen Israels und der Vereinigten Staaten das erste »Memorandum of Understanding«. Im Juni 1976 gibt die Rabin-Regierung den Befehl zur »Operation Entebbe«, mit der die entführten Air-France-Passagiere befreit werden.

Im April 1977 tritt Rabin als Ministerpräsident zurück.

1977 – 1984 Nach den Wahlen im Mai 1977 und bis zur Bildung der Regierung der Nationalen Einheit im September 1984 ist Rabin Knesset-Abgeordneter der in der Opposition befindlichen Arbeitspartei und Mitglied des Ausschusses für Äußeres und Verteidigung.

1984 – 1990 In den Regierungen der Nationalen Einheit amtiert Jitzhak Rabin als Verteidigungsminister. Im Januar 1985 legt er den Vorschlag für den Rückzug der israelischen Streitkräfte aus dem Libanon und die Schaffung einer Sicherheitszone vor, die die Siedlungen entlang der Nordgrenze Israels gewährleisten soll.

1992 Bei den ersten landesweiten Vorwahlen der israelischen Arbeitspartei vom Februar 1992 wird Jitzhak Rabin zu deren Vorsitzendem gewählt und führt die Partei zum Sieg in den Wahlen zur Knesset im Juni 1992. Im Juli 1992 bildet Rabin die 25. israelische Regierung und wird ihr Ministerpräsident und Verteidigungsminister. Seine Zeit als Ministerpräsident prägt die nachstehenden Etappen im Friedensprozeß entscheidend.

1993 – 1994 Bei der Unterzeichnung der israelisch-palästinensischen Grundsatzerklärung am 13. September 1993 auf dem Rasen des Weißen Hauses reicht Ministerpräsident Rabin dem PLO-Vorsitzenden Jassir Arafat erstmals die Hand.

26. Oktober 1994 Rabin unterzeichnet an der israelisch-jordanischen Grenze den Friedensvertrag zwischen dem Staat Israel und dem Haschemitischen Königreich Jordanien.

28. September 1994 Rabin ist Mitunterzeichner des israelisch-palästinensischen Interimsabkommens über das Westufer und den Gaza-Streifen.

10. Dezember 1994 Rabin erhält gemeinsam mit Außenminister Schimon Peres und PLO-Chef Jassir Arafat den Friedensnobelpreis.

4. November 1995 Jitzhak Rabin wird, unmittelbar nachdem er auf dem Malchei-Yisrael-Platz in Tel Aviv auf einer Friedenskundgebung eine Ansprache gehalten hat, ermordet. Er hinterläßt seine Schwester Rahel, seine Frau Lea, zwei Kinder – Dalia und Juval – sowie drei Enkelkinder.

Peter Ustinov im Gespräch mit Jitzhak Rabin

Peter Ustinov: *Herr Präsident, ich möchte mich bei Ihnen bedanken und freue mich, daß wir die Gelegenheit haben, Sie hier in Ihrem Amtssitz zu besuchen. Und ich möchte Sie – auch im Namen unseres Teams und aller Kollegen – zu Ihrem Drittel des Nobelpreises beglückwünschen. Wir alle finden, daß Sie einen ganzen verdient hätten.*

Der Verlauf des Friedensprozesses, der, wie ich glaube, seinen vorsichtigen Anfang in Norwegen nahm, wird von uns allen mit großem Interesse verfolgt. Auch mit Freude. Die ersten Kontakte zu den Gesprächen fanden meines Wissens im Zimmer 16 des »American Colony Hotels« in Jerusalem statt, wo ich während der Dreharbeiten zu meinem letzten Film meine Garderobe hatte. Damals wußte ich natürlich nicht, an welch bedeutungsvollem Ort ich mich befand. Und ich würde sehr gerne von Ihnen wissen, wie alles begann und wie sich die Dinge im Laufe der Zeit entwickelt haben.

Jitzhak Rabin: Nun, der entscheidende Unterschied zwischen einem Politiker und einem Intellektuellen ist, daß ein Politiker konkrete Resultate vorweisen muß. Der Intellektuelle darf großartige Visionen entwickeln, brillante Analysen aufzeigen und dann auch wieder nach Hause gehen. Ein Politiker muß beweisen, daß das, woran er glaubt, auch umsetzbar ist.

Aufgrund der Geschichte des Landes Israel, der schwierigen Beziehungen zu den Palästinensern und als Folge der Aktionen der Intifada vertraten die Amerikaner während der Golfkrise eine harte, konsequente Position. Aber die Amerikaner brachten es auch zustande, daß die Jordanier, Syrer, Libanesen und Palästinenser sich mit Israel an einen Verhandlungstisch setzten, und zwar nachdem wir durch unseren Frieden mit Ägypten bereits die historische Wende in den Beziehungen zu den Arabern eingeleitet hatten. Der Zusammenbruch der Sowjetunion, die Bankrotterklärung des Kommunismus allgemein und das darauffolgende Ende des kalten Krieges und die Golfkrise haben die Entwicklung allerdings erst wirklich möglich gemacht. Ich glaube, ohne diese wichtigen Veränderungen hätte der Friedensprozeß niemals in Gang gesetzt werden können. Das zum einen. Zum anderen spielte natürlich die Situation im Nahen Osten eine Rolle: die Golfkrise etwa. Und ich darf nochmals betonen:

Die Amerikaner haben als Ergebnis all dessen zum ersten Mal seit vielen Jahren, und zwar seit dem Friedensschluß mit Ägypten, eine historische Wende im Verhältnis zwischen der arabischen Welt und Israel zustande gebracht. Sie haben Jordanien, Syrien, Libanon und die Palästinenser dazu bewegen können, von Angesicht zu Angesicht mit Israel zu verhandeln.

Aber zu der Zeit hatte Israel eine Regierung, den Likud, die nach meiner Einschätzung nicht dazu in der Lage war, die Einzigartigkeit der Situation zu nutzen und Frieden zu schaffen. Und genau deshalb wollte ich meine Partei nach vorne bringen und mich um das Amt des Premierministers bewerben. Ich führte die Partei bei den Wahlen 1992, und wir konnten ein Ergebnis erzielen, das es erlaubte, unsere Politik auch in die Tat umzusetzen. Im wesentlichen ist das eine Politik, die auf dem Wissen beruht, daß man auf dem Weg zum Frieden erstens Kompromisse schließen und zweitens kalkulierbare Risiken eingehen muß. Man hat nie etwas wirklich sicher in der Tasche – was auch immer man erreicht im arabisch-israelischen Konflikt.

Wir haben es nicht mit demokratisch gefestigten Völkern zu tun. Ein Wechsel in der Führung kann hier auch einen Wechsel in der grundsätzlichen Linie der Politik bedeuten. Und deshalb wird es keinen wirklichen Frieden ohne Risiken geben. Daß wir recht damit haben, glaube ich, zeigt sich auch im Ergebnis der Wahlen, die die Arbeitspartei zur stärksten Partei gemacht haben.

Darüber hinaus ist es mir während der letzten Wahlen gelungen, eine Situation in unserem Parlament, der Knesset, zu schaffen, die zur Folge hat, daß die rechtskonservativen, die religiösen und die ultraorthodoxen Parteien über keine Mehrheit mehr verfügen. Sie haben also keine Möglichkeit, uns im Bemühen um den Friedensprozeß zu stoppen. So konnte ich zum Beispiel bei der Unterzeichnung der mit der PLO ausgearbeiteten Prinzipienerklärung von 1993 mit der Mehrheit von einer Stimme bei den 120 Mitgliedern der Knesset rechnen.

All das beweist deutlich, daß es nicht ausreicht, Ideen zu haben, man muß als Staatsmann, als Politiker auch die Bedingungen schaffen, seine Politik umzusetzen. Früher hielt ich überhaupt nichts von internationalen Konferenzen. Ich glaubte vielmehr an die Möglichkeit persönlicher Gespräche. Ich wollte all das, was wir von früheren Regierungen übernommen hatten, hinter mir lassen. Alle Beteiligten zogen damals stets gleichzeitig gen Washington. Wir hielten das nicht für falsch, aber wir mußten andere Wege zu den einzelnen Beteiligten finden. Das ist uns zunächst mit den Jordaniern gelungen, später auch mit den Palästinensern. Mit den Syrern haben wir das nicht erreicht – mit den Syrern nicht und auch nicht mit den Libanesen. Mir gelang es zuerst nicht, mit der palästinensischen Delegation unter Führung von Hanan Aschrawi, der prominenten Palästinenser-Vertreterin, eine Einigung herbeizuführen. Wir vermochten keinen Kompromiß zu erzielen.

Dann kam das Angebot, es mit der PLO zu versuchen. Alles mußte geheim bleiben. Gleichzeitig war es aber wichtig, in der Öffentlichkeit eine feste Position zu beziehen. Hätten wir uns in den öffentlich geführten Gesprächen flexibel gezeigt, wären die in den Geheimverhandlungen gestellten Forderungen noch höher gewesen.

Es dauerte dann noch sechs Monate; und wir konnten uns schließlich auf eine Prinzipienerklärung einigen. Es handelte sich dabei lediglich um ein Gerüst. Jeder hatte gewisse Grundsätze, und das machte die Sache schwierig. Ich will damit sagen, daß die Umsetzung damals noch zu kompliziert war, denn es gab Widersprüchlichkeiten im Papier, in den Formulierungen der Erklärung, in der Auslegung und in den geführten Protokollen. Man hatte damit noch kein tragfähiges Konzept in Händen.

Dieses Papier konnte nur die Grundlage für umfangreiche Verhandlungen sein, die stets mit dem Ziel der politischen Durchsetzbarkeit geführt werden mußten. Deshalb war die erste Phase der Umsetzung auch gleichzeitig eine Zerreißprobe für die Erklärung. Hätte sie nicht bestanden, wäre sie lediglich ein Stück Papier geblieben. Und es gibt viele Papiere, die auf internationaler Ebene schon unterschrieben wurden und nichts bewirken konnten. Die strategische Entscheidung, die wir, die ich in meiner Funktion als Ministerpräsident zu treffen hatte, war die Antwort auf die Frage, ob wir die Al Fatah als strategischen Partner anerkennen sollten oder nicht. Und wenn man die Palästinenser damals kannte – das wurde mir bald klar –, dann gab es nur zwei mögliche

Gesprächspartner: entweder Arafat mit seinem Teil der PLO oder die extremen islamischen fundamentalistischen Terrorgruppen Hamas sowie der islamische Jihad. Einen dritten Partner gab es nicht.

Ich habe mir die Entscheidung nicht leichtgemacht. Ich mußte gegen eine Mauer von Argwohn, Haß, Feindseligkeit und viel Blutvergießen ankämpfen. Aber wie auch immer, in jedem Friedensprozeß muß man Frieden schließen mit Feinden – manchmal mit Erzfeinden, und das ist mitunter sehr bitter.

Arafat war einer unserer schlimmsten Feinde; und es war sehr schwer für das israelische Volk, ihn als Gesprächspartner zu akzeptieren. Und deshalb muß man wissen, daß Israel in dieser Frage immer noch gespalten ist. Aber ich glaube, wir haben eine nicht mehr umkehrbare Entscheidung getroffen. Und ich bin mir der Risiken dieser Entscheidung sehr wohl bewußt. Es handelt sich hier aber noch nicht um einen Friedensvertrag.

Ich habe dann später große Anstrengungen unternommen, um den Friedensvertrag mit Jordanien zu erreichen. Dieses Vorhaben beruhte auf einem nationalen Konsens. 105 Mitglieder der Knesset stimmten für einen Friedensvertrag mit Jordanien.

In der Palästinenserfrage kann ich mir weiterhin der Mehrheit von nur einer Stimme sicher sein. Ich glaube aber, daß das Thema in der Öffentlichkeit sehr ausgewogen beurteilt wird. Und Israel ist eine Demokratie. Eine Demokratie braucht zwar Führung, man darf aber nie vergessen, daß man ohne die Unterstützung des Volkes seine Politik nur schwer durchsetzen kann.

Als Folge der zwei Schritte – Prinzipienerklärung und deren Anwendung zuerst auf Gaza und Jericho, zu der die Verhandlungen hauptsächlich in Kairo und von Militärs geführt wurden – mußte das Hauptaugenmerk auf die Frage der Sicherheit gelegt werden. Denn wenn es ein Hindernis in den Köpfen und Herzen der Israelis gegen die Lösung der Palästinenserfrage gibt, dann ist das die Sorge um ihre Sicherheit im Alltag. Die Terroranschläge islamischer Fundamentalisten richten sich nicht nur gegen das Leben israelischer Bürger, sondern sie wollen damit auch den Friedensprozeß abtöten.

Und für die Bürger Israels ist die Eindämmung des Terrors darum das wichtigste Thema. Viele Israelis fragen mich: »Sie behaupten, daß Sie uns den Frieden bringen. Warum hat dann der Terror zugenommen?« Und das ist immer noch unser Hauptproblem. Wenn Sie mich fragen, wie es denn mit der Umsetzung der Grundsatzerklärung in komplizierteren Bereichen weitergehen soll, dann kann ich nur sagen, daß das Gaza-Jericho-Thema relativ einfach ist jedenfalls im Vergleich mit den Verhandlungen zwischen Arafat und mir, die den Grenzbereich zwischen Gaza und Israel betreffen werden. Noch komplizierter ist die Inangriffnahme des Themas Westbank. Sehr viel wird davon abhängen, wie die palästinensische Seite mit der Frage der Gewalt, des Terrors, umgeht. Und sie müssen beweisen, daß die finanziellen Aufwendungen tatsächlich dem wirtschaftlichen Aufschwung ihres Landes dienen.

Ja, aber wirklich neu und interessant scheint mir gegenwärtig zu sein, daß Israel die Initiative ergriffen hat und bereit ist, nach dem ersten nun auch den zweiten Schritt zu tun.

Wir haben uns sogar durch die Prinzipienerklärung dazu verpflichtet. Wir haben nicht einfach nur die Initiative ergriffen. Arafat und ich haben während unseres letzten Zusammentreffens darüber sehr eingehend diskutiert. Wir wissen, daß wir die Probleme sofort angehen müssen.

Man hat uns die ganze Zeit Verzögerungstaktik vorgeworfen. Wir haben nichts verzögert. Wir mußten nur ganz sichergehen, daß die Beschlüsse von Kairo auch umsetzbar sind. Das eigentliche Problem ist immer die Umsetzung. Sonst funktioniert das Ganze nicht.

Was mich beschäftigt, ist die Tatsache, daß sehr oft die Militärs die besseren Friedensstifter sind. Und Ihre militärischen Kenntnisse sind hier sicher von Nutzen, nicht nur in strategischer, sondern auch in taktischer Hinsicht. Sie wissen eben, wie man mit der Mehrheit von einer Stimme allerhand bewegt – nicht zu Land mit Truppen, sondern in der Luft mit Ideen und konkreten Vorschlägen, die dann auch umsetzbar sind.

Nun, es gibt ein Gerücht auf dieser Welt, daß nämlich nur rechtsgerichtete Generäle und Politiker Unmögliches möglich machen können – nur Nixon und Kissinger konnten die Tore zur Volksrepublik China öffnen, nur de Gaulle vermochte die Algerienfrage zu lösen. Begin, Israels verstorbener Premierminister und ein Rechter, erreichte das erste Friedensabkommen zwischen einem arabischen Land und Israel. Keine Regierung und Arbeitspartei hat je, seit Gründung des Staates Israel, einen Friedensvertrag unterzeichnet. Wenigstens haben wir ein Abkommen mit Jordanien zustande gebracht.

Wir haben den Weg zum Friedensprozeß frei gemacht – zu Verhandlungen mit den Palästinensern unter der Führung der PLO und ihres Anführers Arafat. Ich denke, daß meine militärische Erfahrung mir geholfen hat, das israelische Volk davon zu überzeugen, daß die Risiken, die wir eingehen, kalkulierbar und wohlabgewogen sind, und daß es immer die Möglichkeit geben muß, unerwünschte Entwicklungen politisch zu korrigieren.

Nun ja, ich war viereinhalb Jahre lang Soldat und bin nie über den Rang eines Gefreiten hinausgekommen, so daß ich diese Dinge nicht so gut beurteilen kann. Ich habe nur meinen gesunden Menschenverstand zur Verfügung, aber ich bin sehr stolz darauf, daß ich Ihre Qualitäten gleich erkannt habe. Denn ich glaube – egal, welche Fähigkeiten sie Politikern zuordnen –, Sie brauchen eine große Vorstellungskraft, Visionen und auch Idealismus.

Ich hatte schon Angst, daß mit dem Zusammenbruch der Sowjetunion, auf den Sie bereits hingewiesen haben, die Welt immer materialistischer werden würde – als ob nur noch die Gesetze des Marktes zählten. Ich rede jetzt nicht von Israel, sondern von der Welt da draußen ganz allgemein und daß Idealismus so langsam zu einem Schimpfwort wird. Ich halte das für falsch. Was natürlich eines sein sollte, ist »Dogmatismus« – weil sich schon zu oft erwiesen hat, daß die Umsetzung von Dogmen nicht funktioniert. Das haben wir am Beispiel der Sowjetunion gesehen, wo man sich zu starr an die Buchstaben des Gesetzes gehalten hat. Und ein gewisser Grad von Flexibilität ist notwendig, auch in militärischen Fragen. Aber wer bin ich, das zu sagen – ich reise nur durch die Landschaft und verbreite meine persönlichen Botschaften.

Erlauben Sie folgende Bemerkung: Ich glaube an den Wert internationaler Beziehungen – und es muß natürlich auch Visionen geben, aber wie auch immer, vorrangig müssen Entscheidungen getroffen werden. Ich habe schon zu Anfang auf den unterschiedlichen Ansatz von Likud und meiner Regierung zur Lösung des arabisch-israelischen Konfliktes hingewiesen: Und der liegt in der Kompromißbereitschaft. Stabile Arrangements, auch in der instabilen Situation des Nahen Ostens, können nur erreicht werden, wenn die vitalen Interessen beider Seiten berücksichtigt werden – durch Kompromisse. Und ich mache mir keine Illusionen darüber, daß die arabischen Führer, angefangen von Präsident Sadat bis hin zu Palästinenserführer Arafat, König Hussein und Präsident Assad, nicht plötzlich eines Morgens aufwachten und die Daseinsberechtigung des Zionismus akzeptierten. Sie sind lediglich zu der Erkenntnis gekommen, daß sie durch Krieg, Gewalt und Tod in Hinblick auf Territorialfragen und die Weiterentwicklung ihrer Länder allgemein nicht halb soviel erreichen können wie auf dem Weg friedlicher Verhandlungen. Sie haben ebensowenig unsere Ideologie akzeptiert wie wir die ihre.

Diese Erkenntnis ist die Folge von jahrelangen Kriegen, von Gewalt. Es gibt immer noch viele Opfer auf beiden Seiten – weit mehr zwar auf der arabischen Seite, aber auch zahlreiche bei uns. Die Lösung kann also nicht in der Fortsetzung der gegenwärtigen Situation liegen. Ich glaube, daß momentan zweifellos Ägypten, Jordanien, die PLO, die Palästinenser – ich glaube, auch Syrien und der Libanon – den Frieden wollen. Die Frage ist, wie man den Begriff Frieden interpretiert, und die Frage ist, was dieser Frieden kostet. Heute gibt es nur einen Feind des Friedens – das sind die Terrorgruppen der islamischen Fundamentalisten. Eine häßliche Welle der Gewalt schwappt über alle arabischen Staaten – ganz unabhängig vom arabisch-israelischen Konflikt. Denken Sie nur an die Ereignisse in Algerien. Sehen Sie sich an, was in Ägypten vor sich geht – die Aktionen, die gegen Präsident Mubaraks fortschrittliches, gemäßigtes arabisches Regime gerichtet sind. Über 90 Prozent der Terroraktionen von Palästinensern gegen Israelis werden von diesen extremen Elementen ausgeführt, der Hamas, dem islamischen Jihad. 90 Prozent der Terroraktionen, die vom Libanon aus auf uns im Südlibanon und in Nord-Galiläa verübt werden, hat die Hisbollah zu verantworten. Sie ist Teil in dieser grausamen Welle von Gewalt, die ihren Ursprung im Iran hat. Und der Terror ist international.

Der Anschlag auf das jüdische Gemeindezentrum in Buenos Aires, der Anschlag auf unsere Botschaft in London, die Anschläge in Thailand – sie alle müssen den fundamentalistischen Islamisten, die die ganze Welt mit Terror überziehen, zugeschrieben werden. Sie sind auch verantwortlich für die Tat in Mannheim. Sie sind der wahre Feind des Friedens. Ihre heiligen Gemeinschaften sind mitten unter uns, sie unterlaufen moderat geführte arabische Länder, sie sind Teil des internationalen Terrors. Damit müssen wir uns auseinandersetzen. Sie werden ihr Ziel, keine Stabilität in der Region, keinen Frieden zwischen Arabern und Israel, keine gemäßigten arabischen Regierungen in arabischen Ländern zu dulden, weiterverfolgen. Sie sind die wahren Feinde von Stabilität und Frieden in der Region.

Genau. Aber dazu kommen noch, so seltsam, wie es klingt, die Extremisten aus Ihren eigenen Reihen. Auch wenn es nur wenige sind, aber die bringen sich mit ihren spontanen Aktionen immer wieder in die Schlagzeilen. Ihre Extremisten arbeiten doch – auch wenn sie andere Ziele verfolgen – an derselben Sache. Ebenso ein Faktum, das letzten Endes Sie und die Palästinenser näher zusammengebracht hat.

Schon, aber ich bediene mich als Ministerpräsident und Verteidigungsminister anderer Mittel. Ich ergreife administrative Maßnahmen, ganz im Gegensatz zu den israelischen Extremisten, die den schrecklichen Mordanschlag in Hebron unterstützten – das Massaker an betenden Moslems, wofür ich mich als Jude schäme. Ich schäme mich dafür, daß ein Israeli zu so etwas fähig ist. Und auch wenn es nur ein Einzeltäter war – ich gehe gegen solche Leute vor. Aber ich erwarte, daß auch Arafat Maßnahmen gegen seine Extremisten ergreift, deren Taten Schlimmeres anrichten, als dieser Verrückte mit seiner Einzeltat bewirken konnte. Es war, wenn ich das nochmals sagen darf, nur ein einzelner Fanatiker.

Ja, ich verstehe, was Sie meinen, und ich fürchte, daß das in Kürze viele werden begreifen müssen. Und bei den Franzosen zeigt sich schon, daß die Bedrohung viel tiefer geht. Sie erfaßt alle möglichen Länder, und niemand durchschaut das Beziehungsgeflecht wirklich. Dieses reicht bis zu dem Häufchen deutscher Fanatiker, die die schlimmste Periode deutscher Geschichte wiederaufleben lassen möchten. Aber Deutschland hat sich verändert. Denn damals wollte jeder raus aus Deutschland, und heute will jeder rein. Und deshalb ist die Situation nicht vergleichbar.

Ich bin ganz sicher, daß das, was hier im Nahen Osten passiert, viele Länder aufwecken wird.

Wir müssen Unterschiede machen. Wir haben uns mit den Jordaniern arrangiert, wir haben uns mit den Palästinensern arrangiert. Die Frage ist nun, welche Richtung wir weiter einschlagen. Wir müssen den Weg fortsetzen, den diese Regierung, deren Ministerpräsident sein zu dürfen ich das Privileg habe, eingeschlagen hat.

Wir wollen auf dem Weg in Richtung Frieden weitergehen, aber gleichzeitig müssen wir erkennen, daß wir uns mit denen auseinandersetzen müssen, die diesen Weg sabotieren und den Friedensprozeß stoppen wollen. Und ich glaube, daß diejenigen auf arabischer und israelischer Seite, die sich dazu entschlossen haben, das Risiko des Friedens einzugehen – nämlich die Palästinenser, die Jordanier, in Zukunft hoffentlich auch die Syrer und Libanesen –, daß sie alle dringend auf die Unterstützung der internationalen Staatengemeinschaft angewiesen sind. Der Frieden hat nur wenig Bedeutung, wenn sich die wirtschaftliche Situation der Palästinenser in

Gaza, Chan Junis, Jericho sowie auch in Ramallah und Nablus durch den Frieden nicht verbessern wird, wenn sich die Erziehung der Kinder nicht verbessert.

Die internationale Staatengemeinschaft trägt hier Verantwortung. Der Nobelpreis ist sehr nett gemeint – er ist sehr wichtig –, aber der Frieden ist in seiner gesamten Konsequenz noch längst nicht erreicht. Der Frieden mit den Palästinensern und Jordaniern und auch der mit den Ägyptern wird keinen Bestand haben, solange nicht der einfache Mann auf der Straße, der durchschnittliche Bürger, als Konsequenz der diplomatischen Bemühungen eine Verbesserung seiner konkreten Lebenssituation feststellen kann. Hier ist die Solidarität der internationalen Staatengemeinschaft gefragt. Ohne ihre Unterstützung müssen wir alle die wundervollen Verträge mit einem Fragezeichen versehen. Nachdem unsere Forderungen durchgesetzt worden sind, müssen wir die unterstützen, die das Risiko des Friedensprozesses auf sich nehmen wollen.

Ich habe das Gefühl, als ob Unabhängigkeit heutzutage zu absolut geworden ist. Viele junge Staaten sind zum ersten Mal unabhängig, müssen aber erkennen, daß sie wirtschaftlich abhängiger sind als je zuvor – daß in Wahrheit gegenseitige Abhängigkeit die einzige Möglichkeit ist, die Unabhängigkeit zu erreichen. Und gegenseitige Abhängigkeit scheint mit eins der wichtigsten Kriterien. Man muß sich einfach so weit wie möglich aufeinander verlassen können.

Ich kann da keinen Widerspruch entdecken. Unabhängige Staaten definieren ihre nationalen Besonderheiten – die Normen, die Werte, die man als Basis einer Existenz betrachtet –, sie erheben das Recht, die jeweiligen vitalen Interessen zu verteidigen und ihre Sicherheitsinteressen deutlich zu machen. Gleichzeitig stellen sie fest, daß die Welt von heute viel offener geworden ist, ökonomisch verflochtener, und daß deshalb die Beziehungen der Völker untereinander anders organisiert werden müssen. Und deswegen kann ich keinen Widerspruch erkennen zwischen dem Anspruch, seine Unabhängigkeit zu behaupten und trotzdem internationale und regionale Kooperation anzustreben.

Nun, es freut mich sehr, daß Sie das gesagt haben, und ich bin sicher, daß man Ihnen mit dankbarem Respekt und Zuneigung zuhören wird. Als ehemaliger Gefreiter salutiere ich.

Vielen Dank. Als Exgeneral akzeptiere ich das.

Ein wichtiger Baumeister des Friedens: der Außenminister und amtierende Ministerpräsident Schimon Peres.

Schimon Peres

1923 Schimon Peres wird in Polen geboren und kommt mit seiner Familie als Kind nach Israel. Er studiert an der Landwirtschaftsschule Ben Shemen und gehört zu den Gründern des Kibbuz Alumot im Jordantal.

1943 Peres wird zum Sekretär der Jugendbewegung Hano'ar Ha'oved gewählt.

1947 – 1949 Im israelischen Unabhängigkeitskrieg ist Schimon Peres für Waffenkäufe und Rekrutierung zuständig; 1948 wird er zum Chef der Marinedienste ernannt. 1949 leitet er die Beschaffungsdelegation des Verteidigungsministeriums in den Vereinigten Staaten.

1952 – 1959 Peres ist erst stellvertretender Generaldirektor im Verteidigungsministerium, danach Generaldirektor. Er reorganisiert das Verteidigungsministerium, gibt den Anstoß zur Errichtung der israelischen Luftfahrtindustrie und zum israelischen Nuklearprojekt. Er fördert die Sonderbeziehungen mit Frankreich. An der Planung des Sinai-Feldzugs von 1956 ist er federführend beteiligt.

1959 – 1968 Er wird Knessetabgeordneter und ist von 1959 bis 1965 Vize-Verteidigungsminister. 1965 verläßt er mit

Ben Gurion die Mapai-Arbeitspartei und wird Generalsekretär der Rafi. 1968 hat er wesentlich dazu beigetragen, daß die Rafi wieder zur Mapai zurückkehrt und beide von nun an die israelische Arbeitspartei bilden.

1969 Peres wird Minister für die Eingliederung der Einwanderer.

1970 – 1977 Schimon Peres wird 1970 zum Minister für das Verkehrs- und Fernmeldewesen ernannt, 1974 zum Informationsminister und ist danach von 1974 bis 1977 Verteidigungsminister. Zu den Höhepunkten seiner Amtszeit als Verteidigungsminister gehören die Unterzeichnung des Interimsabkommens mit Ägypten (1975), die Rettungsaktion von Entebbe (1976) und die Öffnung des Grenzzauns zwischen Israel und Libanon, der seitdem den Namen »Good Fence« trägt.

Oktober 1977 Peres wird zum Vorsitzenden des »Arbeits-Zusammenschlusses« gewählt.

1984 – 1988 Als 1984 die Regierung der Nationalen Einheit gebildet wird, ist Peres zunächst Ministerpräsident (1984 bis 1986), danach Vizepremier und Außenminister (1986 bis 1988). Während seiner Amtszeit als Ministerpräsident zieht sich Israel aus dem Libanon zurück (1985), und sein Plan zur Stabilisierung der Wirtschaft kann verwirklicht werden.

1978 Schimon Peres wird zum Vizepräsidenten der Sozialistischen Internationale gewählt.

1988 – 1992 In der anschließenden Regierung der Nationalen Einheit (1988 bis 1990) ist Peres Vizepremier und

Finanzminister. 1990 wird er zum Oppositionsführer in der Knesset bestimmt (bis 1992).

Juli 1992 Wahl zum Außenminister.

14. Oktober 1994 Jassir Arafat, Schimon Peres und Jitzhak Rabin erhalten den Friedensnobelpreis, der am 10. Dezember 1994 in Oslo feierlich überreicht wird.

Peter Ustinov im Gespräch mit Schimon Peres

Peter Ustinov: *Herr Schimon Peres, ich freue mich sehr, Sie unter diesen Umständen zu treffen. Es ist diesmal nicht 3 Uhr früh wie bei unserem ersten Treffen. Und ich sehe frischer aus, wenn ich auch nicht ...*

Schimon Peres: Zweifellos, Sie sehen so frisch aus wie immer.

Wir befinden uns in der offiziellen Residenz des Außenministers, und hier herrscht eine angenehm zwanglose Atmosphäre. Wir haben mit Ihnen in der Küche gesessen und zusammen etwas getrunken, Sie haben alles getan, damit wir uns wie zu Hause fühlen. So etwas erwartet man nicht unbedingt, wenn man in die Residenz eines Außenministers kommt. Und diese Atmosphäre der Zwanglosigkeit hat bestimmt auch dazu beigetragen, daß Sie den Friedensprozeß so weit vorantreiben konnten. Und, wo wir gerade dabei sind – meinen Glückwunsch zu Ihrem Drittel des Nobelpreises. Man muß kein Norweger sein, um Ihnen dazu zu gratulieren, denn viele werden ein intensives Glücksgefühl darüber empfinden, daß diese Belohnung an die richtige Adresse gegangen ist. Ich wüßte gerne, seit wann Sie diese Idee hatten.

Sie sprechen vom Friedensprozeß?

Ich spreche von der Idee zum Friedensprozeß.

Eigentlich habe ich mein ganzes Leben lang gedacht, daß dies das eigentliche Ziel des Staates Israel und auch meins sein muß.

Wir mußten mit zahlreichen Gefahren fertig werden. Und nach dem fünften Krieg wußte ich, daß diese Geschichte der Gewalt aufhören muß. Ich spürte, daß durch die Veränderungen in der Welt Kriege und Armeen ihre traditionelle Bedeutung zu verlieren begannen, aus erstaunlichen Gründen. Denn die Quellen für Macht und Reichtum sind nicht länger materieller, sondern intellektueller, wissenschaftlicher Art. Armeen können keine Weisheit erobern. Und Kriege bringen keine Wissenschaft hervor. Das sind die wahren Herausforderungen unserer Zeit. Deshalb schaute ich mich um und sagte mir, die Zeit ist gekommen, etwas zu verändern.

Glauben Sie, daß das etwas mit der menschlichen Evolution zu tun hat – daß die Menschen intelligenter geworden sind?

Ich glaube, die Menschen haben neue Quellen ihrer Existenz entdeckt. Ich glaube, eine gewaltige wissenschaftliche Revolution ist im Gange. Wir müssen uns nicht nur von Kriegen verabschieden, sondern auch von der alten Geschichtsschreibung. Wenn ich mir die Geschichtsbücher ansehe – alles überholte Literatur –, dann stehen wir, so glaube ich, an der Schwelle zu einer ganz neuen Epoche. Es darf keine Geschichte mehr geben, die von Blut, Kriegen und Machtstreben geprägt ist. Es muß eine neue Geschichte der Kreativität, der Erneuerung, des Wettbewerbs geschrieben werden. Und dieses schon in Gang gebrachte Rad der Geschichte läßt sich nicht mehr zurückdrehen.

Ja. Es freut mich, daß Sie das sagen, weil ich Ihnen absolut zustimme. Auch ich glaube ganz fest daran, daß es die Aufgabe der jungen Leute ist, das richtig zu machen, woran wir gescheitert sind, wir alle – wo auch immer wir herkommen.

Als jemand, der nicht nur mit Kindern, sondern auch viel mit Studenten zusammen ist, bin ich sehr überrascht über das neue Bewußtsein der jungen Leute. Natürlich gibt es Versager, die wird es immer geben, aber auf Diskussionsebene, auf der Ebene der Kontroverse, ist die allgemeine Atmosphäre an den Universitäten heute doch ganz anders als früher.

Wenn Sie den Nahen Osten mit aufmerksamen Augen betrachten, dann gibt es eigentlich zwei Nahe Osten. Einer ist unter 18 Jahre alt, der andere darüber. 60 Prozent der Menschen dort sind unter 18 – ganz jung und unvoreingenommen. Bei den meisten über 18, so fürchte ich, ist Hopfen und Malz verloren. Die Älteren sind zu sehr Machos, zu konventionell und haben zu viele Vorurteile. Wir müssen den zwei Altersgruppen darum unterschiedliche Aufgaben zuordnen. Die Machos bekommen die Ökonomie, den Jungen gehört die politische Zukunft – und zwar aufgrund ihrer anderen Erziehung.

Tief in meinem Herzen glaube ich daran, daß wir zwei Anstrengungen unternehmen müssen: Die eine ist ökonomischer Art, das heißt, wir müssen die, die arbeiten, mit moderner Ökonomie vertraut machen; und die andere ist, unsere Kinder müssen vom Kindergarten über die Schule bis hin zu den Universitäten eine moderne Erziehung erhalten.

Es gibt einen Grund, warum ich glaube, daß die Hautfarbe und das Land, in dem jemand lebt, heutzutage völlig irrelevant sind: Jeder, der heute nur die Chance bekommt und in der Lage ist, in dieser neuen Gesellschaft mitzuhalten – egal, ob gelb, schwarz oder weiß, ob aus dem Süden oder Norden –, kann sich seinen Platz in der Welt erobern.

Doch lassen Sie mich noch eine Bemerkung zu Israel machen. Israel ist heute, was den Einsatz von Computern in der Ausbildung angeht, mit an der Weltspitze. Wir liegen noch vor den Vereinigten Staaten, vor Europa. Und ich glaube, daß wir unseren Nachbarn etwas anzubieten haben. Ich möchte aber auch, daß unsere Nachbarn die gleiche Chance, was Erziehung angeht, erhalten. Auch sie sollen Zugang zu einer modernen Ökonomie bekommen. Das ist möglich.

Ich bin sicher, daß unser größter Feind heute die Erfahrung von gestern ist und, wenn Sie so wollen, die Experten. Denn alle Experten sind Experten für Dinge, die schon geschehen sind. Es gibt keine Fachleute für Sachen, die noch geschehen werden.

Ich bin überzeugt davon, daß man unser Leben revolutionieren kann, und ich behaupte, daß, wenn es eine Botschaft im jüdischen Glauben gibt, es dann die Botschaft des Optimismus ist, nämlich daß man das Los der Menschen verbessern kann.

Man kann die Dinge verändern – man muß der Veränderung nur eine Chance geben. Für uns liegt eine ungeheure Chance in der Tatsache, daß unser Volk nun wieder aktiv etwas beisteuern kann – daß wir nicht nur abhängig von anderen sind. Und dieses Bewußtsein steckt sehr tief in mir drin.

Ja. Was Sie sagen, begeistert mich sehr. Besonders, da ich Experten immer schon – und das liegt in der Natur der Sache – für Pessimisten gehalten habe. Denn wenn jemand als Experte optimistisch ist und wenn dann das, was er sagt, nicht passiert, ist er eben kein Experte. Wenn er aber sagt, etwas sei unmöglich, und es passiert doch, hat er sich nur ein bißchen geirrt. Und er darf weiter Experte sein, und kein Mensch wird ihm deswegen auf die Nerven fallen. Deshalb freue ich mich, daß Sie das, was den Wert von sogenannten

Experten angeht, von denen es auf der Welt nur so wimmelt, beim Namen nennen. Und ich stimme Ihnen auch deshalb zu, weil ich auf meinen vielen Reisen festgestellt habe, wieviel unqualifizierte Menschen es in hochentwickelten Ländern gibt und wieviel qualifizierte Menschen in unterentwickelten Ländern. Und das nennt man ausgleichende Gerechtigkeit.

Schauen Sie, die meisten Experten glauben, daß die Welt aus Wiederholungen besteht, aber in Wahrheit besteht sie aus Veränderungen. Die Dinge wiederholen sich nicht, sie verändern sich. Und ich kenne kein Buch, in dem der Zusammenbruch des Kommunismus, so wie er dann stattgefunden hat, vorausgesagt worden wäre. Da haben sie eine Schar von brillanten Köpfen, und dann müssen sie beim Lesen ihrer Bücher feststellen, daß sie nicht mal wußten, was im Land wirklich los war. Sie waren so brillant, daß sie gar nicht in der Lage waren, die Realität des Kremls zu verstehen. Und auch die Politiker im Westen setzten sich lieber in Gesprächen mit seinen Experten auseinander als mit dem Kreml selbst. Und dasselbe gilt für den Nahen Osten. Alle Arabienexperten beschäftigen sich mit einer untergehenden Welt, und das ist völlig irrelevant, wenn man in einer sich ständig wandelnden Welt lebt. Deshalb glaube ich, daß wir ein bißchen mehr Phantasie entwickeln müssen. Und wir müssen lernen, die Veränderungen und ihre Folgen wahrzunehmen – und das alles stimmt mich optimistisch. Pessimismus ist eine Qualität der Vergangenheit, dem Optimismus gehört die Zukunft.

Da haben Sie hundertprozentig recht. Ich habe schon oft gesagt – und obwohl ich es eigentlich hasse, mich zu wiederholen, muß ich es dennoch einfach noch mal verkünden –: Ein Optimist ist ein Mensch, der weiß, wie kompliziert die

Welt sein kann – ein Pessimist entdeckt das jeden Morgen aufs neue.

Was mich betrifft, so habe ich noch nie begriffen, wozu Pessimismus gut sein soll. Er ist reine Zeitverschwendung. Warum soll man pessimistisch sein?

Er ist ein Luxus des untergehenden Jahrhunderts.

Ja. Keiner kann ihn brauchen, und er ist deprimierend. Überflüssig und unnötig.

Ich finde es wunderbar, daß Sie die Welt so ganz anders sehen, denn sie verändert sich minütlich – auch in Europa, wo ich mich gelegentlich auf Reisen befinde und dieser rasche Wandel auch schon deutlich zu spüren ist: Politiker können uns auf einmal nicht mehr davon überzeugen, daß das, was sie uns klarzumachen versuchen, auch das Richtige ist. Wir haben uns bislang trotzdem gebeugt. Aber nun wird es immer deutlicher, daß die Politiker den Erfordernissen der Zeit hinterherhinken – jedenfalls bei uns, nicht bei Ihnen.

Nun, ich glaube, daß Politiker ein Problem haben. Viele Menschen, besonders junge Leute, denken, Politiker seien bloß Teil einer Fernsehshow. Sie sehen uns Hände schütteln, Fototermine wahrnehmen, lächeln, und sie sagen: »Was können diese Gentlemen schon für uns tun?« Dauernd sieht man sie mit einem netten Lächeln im Gesicht im Fernsehen – das ist alles sehr nett, aber es hilft uns nicht weiter, unsere Fragen zu beantworten. Die jungen Menschen leben in einer anderen Welt, sie erkennen andere Herausforderungen, und wir sind ihnen eigentlich unwichtig – auch die Flaggen, die Orchester, die Zeremonien. Sie finden, daß das in eine Welt gehört, die schon lange nicht mehr existiert. Ihr eigenes Schicksal, ihre Freiheit, ihr Sinn für Gleichheit, das sind ihre zentralen Werte. Wie Sie wissen, haben die Jungen die Dinge auf ihre eigene, seltsame Weise revolutioniert. Sie haben zum Beispiel beschlossen, Jeans zu tragen. Das ist – wenn Sie so wollen – auch ein Ausdruck von Demokratie. Sie möchten nicht, daß die eine Hälfte der Welt in teuren Designersachen herumläuft und die andere in armseligen Lumpen. Das lehnen sie ab! Und darin wird ihr Verständnis von Gleichheit deutlich. Sie haben sich für eine neue Musik geöffnet, für neue Lieder, eine andere Erziehung und größere Mobilität und Flexibilität. Und sie warten nicht auf uns.

Ja.

Und vielleicht haben sie ja auch recht.

Ich glaube, viele der Verantwortlichen in Staat und Gesellschaft neigen häufig dazu, Kinder oder Kriminelle als hoffnungslose Fälle abzutun. In England bauen sie immer größere und bessere Gefängnisse und erfinden immer härtere Strafen. Und das wundert mich, denn ich glaube, das sind falsche Entscheidungen.

Ich erinnere mich an ein Kinderheim in St. Petersburg, ein schrecklicher Ort. Hier mußten die Erzieher heldenhaft gegen die größten Schwierigkeiten ankämpfen. Ich erinnere mich an einen Jungen, ungefähr neun Jahre alt, der seine ganze Zeit damit verbrachte, mit einem Revolver zu spielen. Vorläufig noch mit einem aus Holz. Und seine Hauptbeschäftigung war, Mopeds zu stehlen. Er sagte mir folgendes:»Du kannst dir gar nicht vorstellen, was für ein Gefühl das ist, ein unbewachtes Moped zu sehen und sich zu fragen, ob der Besitzer nun kommt oder nicht. Du steigst schließlich auf, und, mein Gott, es klappt! Und dann fliegst du in die Nacht, immer schneller – nichts ist damit vergleichbar. Aber wenn sie dich schnappen, fühlst du dich ziemlich allein – wie ein Kind. Und jeden dritten Tag komme ich dann in das Heim, weil ich wieder wie andere Kinder meines Alters sein möchte.« Diese Geschichte machte mich sehr betroffen, denn der Junge wußte schon alles von der Welt, auf seine Weise war er erwachsen.

Ich glaube, daß wir ein Problem haben. Ich finde, daß das, was wir den Jungen zugestehen, nicht mehr der modernen Zeit entspricht. Heutzutage sind Jungen und Mädchen im Alter von zwölf, dreizehn Jahren schon fertige Personen. Und sie sind physisch stärker als früher. Sie verfügen auch über ein breiteres Wissen. Früher war es normal, daß man bis 18 oder 19 abwartete, um sich seine Rolle in der Gesellschaft zu suchen, heute will man das schon mit zwölf haben. Sie sind zwölf, dreizehn oder vierzehn, sie sind stark, gesund, ausgebildet und stecken voller Neugier. Aber sie spielen noch keine Rolle in der Gesellschaft. Und auch die 25- bis 30jährigen müssen noch anstehen, bis sie sich in die Hierarchie wirklich einordnen können, bis sie sich zu Wort melden dürfen. Es geht dabei nicht nur um freie Meinungsäußerung, sondern auch um Einfluß. Und ich glaube, hier liegt der Grund für die Krise, in der die junge Generation steckt – eine Generation, die eine Rolle spielen könnte, aber keine spielen darf.

Früher war Krieg ein Ventil für Gewalt, für Aggression, für Risikolust. Heute werden die jungen Menschen früh erwachsen, sind stark, wissen viel und stecken voller Tatendrang – und es gibt keine Möglichkeit für sie, ihre aggressiven Triebe auszuleben, ihre Ambitionen umzusetzen. Deshalb glaube ich, daß wir ihre Möglichkeiten neu definieren müssen. Sie werden es sowieso tun und ihre Vorstellungen auch durchsetzen – ob mit oder ohne uns. Das ganze Lebenssystem muß geändert werden, die verschiedenen Generationen müssen unterschiedliche Zielsetzungen haben dürfen, und die Jungen müssen mehr Handlungsspielraum bekommen. Man sollte auch viel mehr Zeit auf die Erziehung, auf Bereiche wie Kunst, Sport und Musik verwenden.

Die alte Vorstellung, daß jeder einen Job brauche, muß in Frage gestellt werden. Eigentlich muß es heute kein Job mehr sein, der das ganze Leben ausfüllt. Die Menschen sind darauf vorbereitet, vielfältige Aufgaben zu erledigen; die Arbeitswelt und ihre Organisation verändern sich. Heute bekommen die Menschen mehr Chancen und weniger Sicherheit, als es bei den Generationen zuvor der Fall war. Viele spüren aber keinen festen Boden mehr unter den Füßen. Auf der einen Seite sieht man die unglaublichen Möglichkeiten, auf der anderen wird die Unsicherheit nur zu deutlich bewußt. Man kann jederzeit gefeuert oder abgeschoben werden. Was ich sagen will, ist, daß die junge Generation eigentlich schon weit voraus ist und noch nicht den entsprechenden Einfluß hat. Daraus ergibt sich ein Widerspruch. Und dieser wird nach meiner Einschätzung dazu führen, daß sich alles ändert: unsere traditionelle Organisation des Lebens und schließlich das gesamte System.

Ja. Damit haben Sie sicher recht. Aber die Tatsache, daß ich Ihnen zustimme, bedeutet de facto nur, daß erst zwei Menschen einig sind. Ich halte Ihre Visionen für außerordentlich wichtig. Sie gehen sehr weit in Ihren Forderungen und haben den Menschen eine Menge zu sagen.

Doch wie allein sind Sie mit Ihren Gedanken? Müssen Sie viele Menschen noch überzeugen – auch die, die Ihnen nahestehen? Damit meine ich nicht Ihre Familie, sondern die, die Ihnen im öffentlichen Leben nahestehen.

Um Ihnen die Wahrheit zu sagen: Man nennt mich oftmals einen Visionär, aber dadurch werden sie mich auch nicht los.

Genau darauf zielte meine Frage – ich wollte nicht unhöflich sein ...

Nein, das wären Sie nicht. Doch eines muß man sagen: Solange Sie ein Visionär sind und Ihre Visionen Visionen bleiben, ist alles kein Problem. Aber wenn sie Realität werden, dann haben Sie ein Problem. Die Leute sagen dann, mein Gott, die Dinge, die er vorausgesagt hat, sind wahr geworden. Aber das trifft die Sache nicht. Ich habe die Realität nur erkannt, nicht vorausgesagt.

Mittlerweile schlagen sich immer mehr Menschen auf meine Seite, aber sie sind noch nicht richtig überzeugt. Sie tun sich schwer damit, mich voll und ganz zu unterstützen. Möglicherweise meinen sie, daß ich zu weit gehe, mich zu weit aus dem Fenster lehne. Aber sie bemerken auch die Veränderungen und freuen sich darüber.

Seit vielen Jahren bin ich in einer Führungsposition und reise viel. Aber was macht eine Führungsperson zu einer Führungsperson? Die Antwort darauf lautet allgemein: Sie muß Kämpfe bestehen. Eine viel schwierigere Antwort wäre, wenn es hieße, sie muß Leben retten. Doch für mich ist es, und darüber habe ich viel nachgedacht, viel wichtiger, das Leben auch nur eines einzigen Kindes zu retten, als einen Kampf zu gewinnen.

Wir sind alle unterschiedlich erzogen worden, haben verschiedene Bilder in uns. Doch ich sehe überall Funken der Veränderung aufglimmen. Wissen Sie, ich war in Marokko – in Casablanca –, in einem Land, das Israel nach offizieller Lesart feindlich gesinnt ist. Die Marokkaner sind Araber, wir

54

sind Juden. Und es war an einem Samstag – samstags darf ein Jude nicht Auto fahren. Ich ging also zum Mittagessen zu einem Freund zu Fuß. Dazu mußte ich sieben Kilometer mitten durch die Stadt laufen. Ich traute meinen Augen kaum – Menschen kamen und umarmten mich, schüttelten mir die Hand. Sie bejahten meine Politik. Es war, als wäre ein reinigender Wind über die Stadt geweht und hätte die Einstellung der Menschen verändert. Glauben Sie, das hat mich zutiefst überrascht und bewegt. Das hatte ich nicht erwartet. Sogar der Bürgermeister der Stadt ging neben mir. Keiner hatte das gewußt. Und alle kamen, um mir ihre Unterstützung zuzusichern und ihrer Hoffnung Ausdruck zu verleihen.

Wir beginnen allmählich, einander anzunähern; alles ist jedoch noch höchst sensibel. Doch die Leute warten auf neue Hoffnungen.

Es spielt eine neue Musik, wenn Sie so wollen. Wir hören sie noch mit gemischten Gefühlen. Auch ich selbst bin höchst überrascht, weil ich nie geglaubt hätte, daß ich zu solchen Visionen fähig wäre. Ich dachte, ich könne die Dinge nur so sehen, wie sie sich einst wie selbstverständlich für mich darstellten.

Jetzt ist die beste Voraussetzung für Visionen. Und so kann man die Menschen zur rechten Zeit überzeugen, daß Visionen daraus bestehen, die Realität richtig einzuschätzen. Tief in Ihrem Herzen sind Sie, so wie alle anderen auch, doch sicherlich davon überzeugt, daß der Friedensprozeß in diesem Teil der Welt – egal, was die Zukunft bringt – irreversibel ist, weil er schon viel zu weit fortgeschritten ist . . .

Ja. Hundertprozentig.

Hundertprozentig?

Hundertprozentig. Wie ich schon sagte, die 60 Prozent, die unter 18 sind, wachsen nicht mehr in demselben Bewußtsein auf wie die über 18. Sie entwickeln einen neuen Zeitgeist, ihre eigenen Träume und Gefühle. Und noch viel wichtiger als unsere Weisheit und unsere Überzeugungen ist das da: die Kamera.

Ein junger Mann oder eine junge Frau wachen morgens auf oder gehen abends schlafen, sie sehen sich die Nachrichten an und fragen sich, warum sie nicht dabei sind, warum sie nicht an unserer Stelle dort stehen. Und das mit Recht. Was ist mit uns los? Warum können wir nicht so frei, fortschrittlich, mobil und offen sein wie die Jungen?

Die ganze Welt hat sich verändert: Auf einmal sind die Menschen in der Lage, ihr Leben mit dem aller anderen zu vergleichen. Auf einmal steht anstelle von Propaganda die Information. Dieser silbrig-schimmernde Vorhang ist irgendwann transparent geworden und nicht mehr so undurchsichtig wie einst der Eiserne.

Das hat natürlich den großen Zusammenbruch im Osten mit vorangetrieben, das war einer der Gründe dafür. Glauben Sie, daß die Rechnung für beide Seiten aufgeht?

Das ist ein guter und wichtiger Punkt. Schauen Sie, mit dem Zusammenbruch der Sowjetunion haben wir einen Feind verloren, aber neue Probleme entdeckt. Wenn man keine Feinde mehr hat, braucht man eigentlich auch keine Außenpolitik mehr. Die ganze Weltpolitik war lange Zeit ausgerichtet, sich mit Feinden zu beschäftigen, aber sie ist nicht dafür geeignet, mit den Problemen der Menschen umzugehen. Armut kann man nicht mit Kanonen beikommen und auch nicht mit diplomatischem Austausch. Wir spielen nun ein ganz neues Spiel mit ganz anderen Regeln.

Und es ist sehr interessant festzustellen, daß das, was mit der Sowjetunion passiert ist oder mit der Apartheid oder mit den Beziehungen zwischen uns und den Palästinensern oder mit der IRA, ohne die Intervention mit den klassischen oder, besser gesagt, traditionellen Mitteln der Geschichte geschehen ist, ohne Armee, ohne Parteien, ohne eine Supermacht.

Die Sowjetunion ist ohne Einmischung der Roten Armee zusammengebrochen, der war das ganz egal. Sie erinnern sich vielleicht an die schönen Bilder im Fernsehen von der Gruppe junger russischer Soldaten, die völlig gleichgültig und gelangweilt sich gegen die Mauer des Weißen Hauses in Moskau lehnten. Sie wußten einfach nicht, was sie machen sollten, bis schließlich eine ältere Dame – in Rußland Babuschka genannt – zu ihnen ging und sagte: »Jungs, was habt ihr hier zu suchen? Geht nach Hause!« In der Nacht war diese Dame der einzige Feldmarschall der Roten Armee. Sie gab als einzige Befehle. Sie sagte: »Geht nach Hause.« Denn die Armee spielte tatsächlich keine Rolle mehr. Dies hatte viele Gründe, einer der wichtigsten allerdings ist, daß eine Armee selbst die wirklich wichtigen Voraussetzungen für einen Sieg nicht herstellen kann. Kein politisches System, keine wissenschaftlichen Ansätze, keine Technologie und keine Information, die sie brauchen, vermag sie nämlich zu erkämpfen. Dafür haben die Militärs keine Waffen. Sie sind dann genauso verwundbar wie Zivilisten.

Und die meisten Parteien denken nationalistisch, aber echte Stärke wirkt global. Ich will damit sagen, Wissenschaft kennt keine Grenzen, Technologie braucht keine Fahnen und der Informationsfluß kein Visum. Diese Dinge fließen unbemerkt und unaufhaltbar.

Die Supermächte hatten nicht die leiseste Ahnung davon, was in der russischen Gesellschaft los war. Ein System bricht

in sich zusammen ohne das Zutun einer Partei oder Supermacht. Und deshalb behaupte ich, daß der Friedensprozeß
irreversibel ist, denn die Kräfte, die hier, historisch gesehen,
einmal eine Rolle spielten, sind heutzutage irrelevant.

*Ja. Es ist wichtig, sich das immer wieder vor Augen zu füh-
ren. Und zu erkennen, wie schnell die Entwicklungen von-
statten gehen. Manchmal gibt es Momente im Leben, in
denen man der Illusion erliegt, daß nichts passiert, daß sich
nichts bewegt.*

*Stellen Sie sich doch Hitler und Mussolini im Fernsehen
vor? Das Fernsehen ist kein Instrument, das diesen Diktato-
ren gehorcht hätte. Hitler hätte niemals überzeugt. Und Mussolini auch nicht. Die hätten alles mögliche getan, um ihre
Hängebacken nicht zeigen zu müssen.*

Das ist ein interessanter Gedanke. Umgekehrt wäre Jelzin
ohne das Fernsehen niemals Präsident geworden. Lenin mußte Hunderte von Artikeln und Büchern schreiben, um das rus-
sische Volk zu überzeugen. Stalin mußte Millionen Menschen
töten. Jelzin stand fünf Minuten lang auf einem Panzer, und
alle konnten das sehen. Und diese fünf Minuten auf dem Panzer vor laufenden Fernsehkameras machten ihn zum Präsidenten. Stellen Sie sich Jelzin ohne Fernsehen vor.

*Ja, da haben Sie absolut recht. Aber können wir sicher sein,
daß zum Beispiel die Greueltaten eines Stalin sich niemals
wiederholen? Mein Freund Jakobiew, Vorsitzender der
Untersuchungskommission von Stalins Verbrechen, sagte
mir neulich, daß er oft nicht schlafen könne, weil er hand-
schriftliche Notizen von Stalin im Archiv gefunden habe. Und
eine davon lautete:»Wo Menschen sind, da gibt es Probleme – wo keine Menschen sind, gibt es auch keine Probleme.«*

Ich nab' eine andere Notiz von Stalin gesehen. Und zwar ging es darin um einen Parteisekretär aus irgendeiner der sowjetischen Provinzen, der an Stalin schrieb, daß er gemäß der Ural-Note 9000 Menschen hätte verhaften und hinrichten lassen. Stalins Antwort war: »9000 ist nicht genug, verdoppeln!« Schrecklich.

Ja, das ist schrecklich.

Er war wie ein Tier.

Ja. Aber so was könnte heute nicht mehr so leicht passieren, wenigstens nicht in den zivilisierten Gegenden der Welt.

Zumindest wär' es schwierig. Aber es gibt immer noch Ecken auf der Erde, die offen dafür wären. Aber mehr und mehr führt der freie Informationsfluß dazu, daß sich das Gesicht der Welt verändert. Und ich glaube, daß wir hier im Nahen Osten in fünf bis zehn Jahren die politische Landschaft so verändert vorfinden, daß wir sie nicht mehr wiedererkennen werden. Und dies wird nicht deshalb so sein, weil wir mehr Wissen angesammelt haben, sondern weil die Menschen verstanden haben. Weil sie weitsichtig sind und nicht weil wir die Richtung vorgegeben haben. Sie werden dann Dinge sehen und beobachten, von denen ihnen heute noch niemand erzählen kann. Und zu unterdrücken ist dieser Prozeß nicht.

Unsere Möglichkeiten, die Einschätzung der Menschen zu ignorieren, werden Tag für Tag weiter abnehmen. Dem Himmel sei Dank, daß das so ist.

Nun, im Land der Propheten sind Sie mit Sicherheit der größte Prophet, denn Sie wollen, daß sich die Dinge weiterentwik-

keln, um dann das Richtige zu tun. Das ist das wahre Prophetentum. Sie haben einen sicheren Instinkt für Entwicklungen. Ich hoffe, Sie können auch alle anderen von Ihrer Einschätzung der Dinge überzeugen.

Nun, Prophezeiungen bestehen aus zwei Elementen: zum einen aus Mut, um alles so zu sehen, wie es ist, zum anderen aus der Weisheit, daß der höchste Grad von Weisheit die Moral ist. Wenn man beides beachtet, dann ist man ein Prophet – dann kann man auf der Stelle Prophet werden. Aber beides zu erreichen ist sehr schwierig.

Und das wirklich große Erfordernis des Lebens – jedenfalls wenn Sie eins führen wollen, ohne daß Sie viel bedauern müssen, und ich schätze, daß Sie das nicht wollen – liegt darin, daß man nicht zynisch mit Moral umgehen darf, man muß sie ernst nehmen. Darin liegt große Weisheit.

Amen.

PLO-Führer Jassir Arafat erhält gemeinsam mit Jitzhak Rabin und Schimon Peres für seine Bemühungen um Frieden im Nahen Osten den Friedensnobelpreis 1994.

Jassir Arafat

1929 Jassir Arafat wird am 27. August 1929 geboren, wahrscheinlich in Kairo, manche Quellen weisen auch Jerusalem als Geburtsort aus.

1950 Ingenieurstudium in Kairo.

1952 – 1956 Präsident der Palästinensischen Studentenvereinigung.

1956 und 1957 – 1958 Ingenieurtätigkeit in Ägypten und Kuwait, er arbeitet auch als Bauunternehmer.

1956 Teilnahme am zweiten Israelisch-Arabischen Krieg (Suezkrieg) als Leutnant der ägyptischen Armee.

1965 Nach seiner Rückkehr aus Kuwait, wo er den Decknamen Abu Ammar angenommen hat, führt er ein militärisches Kommando bei der Al Fatah, die ab etwa 1965 vom Libanon aus den bewaffneten Kampf gegen Israel aufnimmt und unter Arafats Führung zur stärksten palästinensischen Guerilla-Einheit wird.

1968 Vorsitzender des Exekutivkomitees der von ihm schon 1959 in Kuwait mit ins Leben gerufenen Al Fatah.

1969 Arafat wird Präsident des Exekutivkomitees (ZK) der 1964 gegründeten Palästinensischen Befreiungsorganisation (PLO).

1970 Jassir Arafat ist Oberbefehlshaber der palästinensischen Streitkräfte.

Ab 1970 Jassir Arafats Kämpfer machen mit brutalen Anschlägen von sich reden.

1974 Einen entscheidenden Wendepunkt in der Geschichte des Nahostkonflikts bringt die arabische Gipfelkonferenz von Rabat im Oktober 1974, die die PLO unter der Führung Arafats als einzige rechtmäßige Vertreterin der Palästinenser im Nahen Osten bezeichnet. Auch der jordanische König Hussein beugt sich der Resolution und legt jordanische Ansprüche auf Eis. Der zweite wichtige Wendepunkt ist die Einladung Arafats durch die Vereinten Nationen im November 1974, die Palästinadebatte der UNO-Generalversammlung mit einer Rede zu eröffnen. Arafat tritt mit umgeschnallter Pistole vor das Auditorium. In seiner Rede setzt er sich für die Schaffung eines arabisch-jüdischen Staates ein.

1975 Endgültige Kursänderung, weg vom bewaffneten Kampf, die sich schon seit 1973 abzeichnete. Treffen mit Bruno Kreisky und Willy Brandt in Wien.

30. August 1982 Nach dem für die Palästinenser verlorenen Libanonkrieg Weggang aus Beirut.

Oktober 1982 Scheitern einer Verständigung mit dem jordanischen König Hussein. Arafats zunehmende Bereitschaft, eine pragmatische politische Kompromißlösung anzustreben, fordert den heftigen Widerstand radikaler Palästinensergruppen heraus.

Februar 1983 Tagung des PLO-Nationalrates in Algier, Bestätigung Arafats als PLO-Chef.

Mai 1983 Beginn einer Rebellion von PLO-Einheiten gegen Arafat in der Bekaa-Ebene.

1988 Eine mögliche Wende in der Nahostpolitik scheint sich mit der im Dezember 1987 begonnenen Rebellion (Intifada) in den von Israel besetzten Gebieten anzudeuten, die als »Krieg der Steine« in die Geschichte eingeht. Trotz massiven Einsatzes militärischer Mittel, die bei den Palästinensern einen hohen Blutzoll fordern, vermag Israel den religiös motivierten Aufstand nicht zu unterdrücken und gerät durch das harte Vorgehen gegen steinewerfende, großenteils jugendliche Rebellen zunehmend unter internationalen, politischen Druck, den Arafat geschickt zu nutzen versteht. Auf dem »Gipfel der Intifada« im Juni 1988 in Algier, an dem sich 17 Staatschefs der Arabischen Liga beteiligen, wird der PLO das Recht bestätigt, als alleinige Vertretung des palästinensischen Volkes aufzutreten. Ebenfalls in Algier, im November desselben Jahres, proklamiert Arafat im Namen des palästinensischen Exilparlamentes den »Staat Palästina«. Gleichzeitig erkennt er förmlich das Existenzrecht Israels an, nachdem er bei der Wahl zum »Präsidenten Palästinas« einen seiner größten internen Triumphe gefeiert hat.

1991 Arafat stellt sich im Golfkrieg auf die Seite des Irak und damit auch gegen die Mehrheit der arabischen Länder. Saudi-Arabien und die meisten anderen reichen Golfstaaten drehen ihm daraufhin den Geldhahn ab. Arafat ändert radikal seinen Kurs.

1993 Geheime Gespräche israelischer und palästinensischer Offizieller in Norwegen. Arafat und Jitzhak Rabin reichen sich nach schwierigen Verhandlungen in Washington die Hand und versprechen den Frieden.

1. Juli 1994 Er beendet sein Zwangsexil und kehrt mit seiner jungen Frau Suha nach Gaza zurück. Über neunzig Staaten erkennen den nur auf dem Papier stehenden Staat Palästina an.

September 1995 Abschluß des historischen Nahostabkommens von Washington. Auch Israel akzeptiert die PLO als »Vertreterin des palästinensischen Volkes«. Arafat wird Vorsitzender des palästinensischen Autonomierates.

10. Dezember 1994 Jassir Arafat erhält gemeinsam mit Schimon Peres und Jitzhak Rabin in Oslo den Friedensnobelpreis.

Peter Ustinov im Gespräch mit Jassir Arafat

Peter Ustinov: *Herr Präsident, vielen Dank, daß Sie uns empfangen haben. Das erste Mal hatte ich in Oslo das Vergnügen, Sie zu treffen. Sie sehen blendend aus. Ich weiß nicht, wie Sie das machen, schließlich sind Sie schon seit 1967 Führer der PLO, oder nicht?*

Jassir Arafat: Seit 1969.

1969. Zwei Jahre mehr oder weniger, das macht bei dieser langen Zeit kaum einen Unterschied. Sie sehen strahlend aus, und Sie überraschen die Welt noch immer.

Ich bin sicher, daß Sie mehr und mehr feststellen können, daß sich Ihre Investition von Hoffnung und Vertrauen auszuzahlen beginnt. Ist das so?

Lassen Sie mich zunächst sagen, daß ich immer geglaubt habe, daß wir eine Lösung finden müssen. Und wenn Sie sich erinnern, haben wir schon während der »Internationalen Parlamentarischen Konferenz« 1969 in Kairo angeregt, über einen demokratischen Staat zu sprechen, in dem Juden, Christen und Moslems zusammenleben können. Dieser Plan wurde damals abgelehnt. Später dann sprach ich vor den Vereinten Nationen: Ich setzte ein Zeichen des Friedens, und sie waren nicht fähig, es anzunehmen. Und, wenn Sie sich erinnern, ich akzeptierte es sogar, an der Genfer Konferenz teilzunehmen – gemäß dem gemeinsamen Kommuniqué der Ägypter und Amerikaner. Und 1988 akzeptierten wir die Zwei-Staaten-Lösung. 1991 nahmen wir an der Madrider Konferenz teil, weil wir nur eine Lösung sahen, und diese einzige Lösung hieß Frieden. Ich nenne ihn den Frieden der Mutigen.

Nun, ich glaube, daß sich die Dinge in rasantem Tempo weiterentwickelt haben. Auch in der übrigen Welt. Sie haben mit beispielhafter Ausdauer und Beharrlichkeit Ihr Ziel verfolgt, das nie wirklich in erreichbarer Nähe zu sein schien. Aber nun bläst Ihnen der Wind aus der richtigen Richtung in die Segel, was sicherlich eine Entschädigung ist für all Ihr Bemühen. Aber grundsätzlich: Ich glaube, in der ganzen Welt sind Menschen mehr denn je bereit, sich an den Verhandlungstisch zu setzen, und sie haben verstanden, daß Verhandlungen nur dann fruchtbar sein können, wenn die Interessen aller Beteiligten auch respektiert werden. Und das behaupte ich, trotz des schrecklichen Krieges in Bosnien.

Zweifellos. Und worin liegt das Ziel von Verhandlungen? Man muß Kompromisse eingehen wollen. Man muß definieren, was man selber will, was die andere Seite fordert, und dann muß man einen Kompromiß zwischen beiden Positionen finden. Und genau das ist in Oslo passiert, geheim, weit weg vom Getöse der Massenmedien. Und nur deswegen, das müssen Sie wissen, konnten wir eine Lösung finden. Natürlich – nicht nur in Oslo wurden die Verhandlungen weiter vorangetrieben. Wir hatten auch in New York zuvor einen Versuch gemacht, einen anderen in Wien, noch einen in Italien, einen weiteren in Paris. Doch weil die Verhandlungen in Oslo bis zuletzt geheim blieben, konnten wir die Dinge schließlich so vorwärtstreiben, daß wir erreichten, was wir schließlich erreicht haben.

Es bewegt mich sehr, wenn ich beobachte, daß man nun überall zu verstehen beginnt. Auf dem Weg nach Gaza befindet sich sogar ein Café, das den Namen Café Oslo trägt.

Ja, ja, das Café Oslo.

Genau. Und ich glaube, daß ...

Vergessen Sie aber nicht, daß es in Tel Aviv ebenfalls ein Café Oslo gibt.

Tatsächlich?

Ja!

Nun, ich war noch nicht in Tel Aviv ...

Doch, doch, in Tel Aviv gibt es auch ein Café Oslo.

Aber im Gaza-Streifen befindet sich das Café Oslo in einer besonderen strategischen Position, vergleichbar mit der Gibraltars seinerzeit. Es beherrscht die Zufahrt nach Gaza. Und das ist schon sehr interessant zu entdecken und bewegend zugleich. Es ist eine spontane positive Reaktion der Menschen zumindest auf dieser Ebene.

Es gibt keine andere Alternative, als zu lernen, miteinander zu leben.

Nein, natürlich nicht, das ist absolut richtig.

Denn wir wollen nicht vergessen, daß wir in der Vergangenheit Vettern waren. Jetzt sind wir Nachbarn und neue Partner.

Ja, denn es gibt nur einen Weg in die Zukunft, den des friedlichen Zusammenlebens. Und nur so kann man sich gegen den Terrorismus schützen, der mit vorsintflutlichen Mitteln die Probleme der Welt lösen will.

Haben wir überhaupt eine andere Wahl? Krieg, Krieg und nochmals Krieg, dieser Teufelskreis muß ein Ende haben. Dies ist der Beginn eines neuen Zeitalters. Wir müssen endlich die Geschichte verstehen und aus ihr lernen. Nicht nur durch Krieg, sondern auch auf friedlichem Weg können wir erreichen, was wir erreichen wollen – und nicht nur für unsere Generation, sondern auch für kommende Generationen, für unsere Kinder und deren Kindeskinder.

Interessant ist auch der Fall Haiti zum Beispiel. Die Verhandlungen wurden dort nicht gerade im geheimen geführt, aber sehr ruhig und mit nur sehr wenigen Gesprächsteilnehmern. Und dann flog eine ganze Armada von Hubschraubern heran, und eine Riesenarmee marschierte auf, aber man tat einfach so, als seien die Soldaten gar nicht da. Denn niemand will mehr so Probleme lösen.

Sehr interessant finde ich, daß sich ebenfalls im Umgang der Nationen miteinander große Veränderungen zeigen. Auch Nationen, die sich bisher nicht darum geschert haben, daß anderen Völkern ihre Selbstachtung sehr wichtig ist, ändern ihre Haltung. Der Respekt vor anderen Völkern ist insgesamt gewachsen, und das ist für dieses Jahrhundert ein großer Fortschritt.

Nehmen wir als Beispiel Europa. Erinnern wir uns an die »Erbfeindschaft« zwischen Frankreich und Deutschland. Wir dürfen nicht vergessen, und das müssen wir stets in unsere Bewertungen mit einbeziehen, daß gerade Frankreich und Deutschland den Weg für die europäische Idee freigemacht und vorangetrieben haben. Solche Wege des Kompromisses muß die Menschheit einschlagen.

Ja, genau.

Und schauen Sie sich Südafrika an. Ich werde nicht vergessen, wie die Südafrikaner während meines Aufenthaltes in Irland Verhandlungen mit der britischen Regierung aufgenommen haben. Ich war sehr glücklich darüber, daß das während meines Aufenthaltes dort passierte und daß eine Lösung des Problems gefunden wurde.

Ja. Eigentlich bestätigt nur noch Bosnien als Ausnahme die Regel.

Ich wollte die Dinge dort vorwärtsbringen, denn ich habe eine Zeitlang Verhandlungen mit beiden Seiten geführt. Ich bin auch noch immer bereit, meine Mission fortzusetzen. Ich habe Freunde auf beiden Seiten.

Genau. Das ist der Punkt, ein enger Dialog muß unbedingt weitergeführt werden.

Richtig.

Es ist ein Vergnügen zu erleben, wie ruhig und entspannt Sie wirken.

Ich habe versucht, beiden Seiten den Rat zu geben, daß man es nur auf friedlichem Wege versuchen kann. Man muß immer weiter darum kämpfen, bis man einen Kompromiß findet. Mit mehr oder weniger Abstrichen und wie schwierig die Situation auch immer ist. Man muß friedliche Gefühle auch zulassen.

Wunderbar. Ich darf mich herzlich bei Ihnen bedanken, es sei denn, Sie möchten noch etwas hinzufügen. Ich habe nämlich das Gefühl, als hätte ich während des Interviews zuviel geredet und Ihnen nicht genug Gelegenheit zum Sprechen gegeben.

Ja, eines noch. Dies hier ist heiliges Land, von großer Bedeutung für drei Religionen – für die jüdische, die christliche und die islamische. Wir müssen die Zukunft für alle Menschen gestalten, die Juden, die Christen und die Moslems. Wir müssen alles zum Wohle der Menschheit geben.

Nun, ich bin sicher, daß Ihr Einfluß weit reicht, so daß irgendwann überall heiliges Land ist.

Hier ist das wahre Heilige Land.

Natürlich, das wollte ich damit auch gar nicht bestreiten – nicht im geringsten – absolut nicht.

Und wo ein Wille ist, ist auch ein Weg. Und ich bin davon überzeugt, daß wir eine Verantwortung den kommenden Generationen gegenüber haben, unser Bestes zu tun, so daß sie in friedlicher Koexistenz nebeneinander leben können.

Nun, ich bin sicher, daß die führenden Baumeister des Friedens, Herr Rabin und Herr Peres auf israelischer Seite sowie

*Sie und Faisal el Husseini auf der Seite der Palästinenser,
sich darin einig sind, daß es keinen Weg zurück gibt – daß die
Entwicklung nicht mehr zurückgedreht werden kann.*

Mit Sicherheit nicht – wir haben keine andere Wahl. Es ist
der Friede der Mutigen.

*Wunderbar. Es ist wunderbar, Sie das sagen zu hören. Aber
ich will Ihre Zeit gar nicht weiter in Anspruch nehmen, weil
ich weiß, daß Ihre Zeit sehr kostbar ist. Viele, ja eine ganze
Fußballmannschaft warten schon auf ein Interview mit
Ihnen. Alle da draußen wollen wahrscheinlich einzeln vorge-
lassen werden. Und es gibt auch keinen Grund, im Gespräch
fortzufahren, denn im Streben nach Frieden besteht Einigkeit. Dabei war anfangs noch alles so furchtbar kompliziert,
und nun scheint die Lösung so wunderbar einfach, klar und
greifbar nahe.*

Daran glaube ich. Und mein Glaube ist sehr stark. Ich glaube
an Gott, und ich glaube, Gott wird unser Tun segnen.

Professor Hanan Aschrawi ist während der Madrider Nahostkonferenz 1991 Sprecherin der palästinensischen Delegation.

Hanan Aschrawi

1946 Hanan Aschrawi, geborene Hanan Michael – ein Name, der auch ihre christliche Herkunft verrät –, wird in Ramallah (Westjordanland) als Tochter eines angesehenen Arztes geboren. Sie wächst in den besetzten Gebieten auf, Seite an Seite mit den Israelis. Ihr Vater ist 1964 Mitbegründer der PLO.

1964 Nach ihrem Studium der englischen Literatur an der Amerikanischen Universität von Beirut promoviert Hanan Aschrawi an der Virginia State University in den Vereinigten Staaten.

1973 Sie kehrt in ihre Heimat zurück und lehrt an der Bir-Zeit-Universität in Ramallah, einem späteren Zentrum der Intifada. Sie arbeitet dort als Leiterin des Fachbereichs englische Literatur. Heute ist die Professorin Dekanin des Art-College dieser Hochschule.

1980 – 1991 Anfänglich beschränkt sich ihr politisches Engagement auf die Universität und die Durchsetzung feministischer Gedanken. Erst nachdem sie Mitte der achtziger Jahre – nach einem erneuten Militäreinsatz innerhalb des Universitätsgeländes – im amerikanischen Fernsehen auftrat und dort schwere Vorwürfe gegen die Regierung in Jerusalem erhob, wird sie über die Westbank hinaus bekannt und aktiv.

Anfang 1991 Während des Golfkrieges demonstriert sie in den Medien mit einer Gasmaske gegen die durch die israelischen Militäroperationen entstandenen bedrückenden Lebensbedingungen der Menschen.

Hanan Aschrawi wehrt sich entschieden gegen alle Versuche, aus der Heiligen Schrift Gebietsansprüche abzuleiten. Immer wieder fordert sie die israelische Regierung auf, die Siedlungspolitik zu beenden.

Nach einem Treffen zwischen ihr und Arafat wird aufgrund des Antiterrorgesetzes ein Strafverfahren gegen sie angestrengt. Dieses wird im Januar 1993 schließlich aufgehoben.

1991 Madrider Nahostkonferenz. Hanan Aschrawi gehört der sogenannten Schattendelegation um Faisal el Husseini an, und zwar als Sprecherin der palästinensischen Delegation. In enger Zusammenarbeit mit dem amerikanischen Außenminister Baker trägt sie entscheidend dazu bei, eine weitgehende Übereinstimmung mit den arabischen Staaten herbeizuführen.

Hanan Aschrawi gelingt es, den Palästinensern weltweit zu einem neuen Image zu verhelfen. Sie überzeugt durch Scharfsinn und die Klarheit ihrer Gedanken.

1992 Besuch in Bonn: Sie wirbt um eine stärkere deutsche Beteiligung an den Friedensbemühungen.

Sie und ihr Partner Faisal el Husseini legen einen Zehn-Punkte-Plan vor: Er sieht grundlegende palästinensische Verwaltungsrechte vor, einen Baustopp für israelische Siedlungen sowie den Rückzug der Armee. Im Oktober, nach einer Welle von Gewalt, kommt endlich Bewegung in die Verhandlungen. Doch durch die Deportation von über vierhundert Palästinensern erfahren die Gespräche dann wieder eine lange Unterbrechung. Erst im September 1993 wird der Durchbruch erreicht.

1993 – 1995 Hanan Aschrawi erklärt den Rücktritt aus der Delegation. Grund: Meinungsverschiedenheiten mit Jassir Arafat. Hanan Aschrawi unterstreicht in diesem Zusammenhang nochmals ihre Zweifel an Arafats Selbstverpflichtung, die Gewähr für Demokratie und Freiheitsrechte zu übernehmen. Sie kündigt die Bildung einer unabhängigen Menschenrechtskommission an, der sie heute selbst vorsteht.

Peter Ustinov im Gespräch mit
Hanan Aschrawi

Peter Ustinov: *Was ich momentan tue, geschieht nur selten. Ich sitze in einem Geburtstagsgeschenk. Denn dieser Garten ist ein Geschenk an Sie, Frau Professor Aschrawi, er ist ein Geschenk Ihres Ehemannes. Und das war bislang ein wohlgehütetes Geheimnis, bis es dann neulich doch gelüftet wurde.*

Ich weiß allerdings nicht, ob Sie je Zeit hatten, aus dem Fenster zu schauen und ihn zu genießen, denn Sie sind eine sehr vielbeschäftigte und außergewöhnliche Frau, Wissenschaftlerin und Palästinenserin. Sie haben während der Friedensverhandlungen mit Israel eine wichtige Rolle gespielt. Ich habe Sie damals beinahe jeden Tag im Fernsehen gesehen. Man brauchte Sie zu dieser Zeit nie zu fragen, was Sie denn eigentlich machen. Das wußten alle nur zu genau, jeder wußte um Ihre Mission.

Heute leiten Sie eine Kommission – und bitte korrigieren Sie mich, wenn ich etwas Falsches sage, Frau Professor –, die sich mit der Einhaltung von Menschenrechten beschäftigt, was von großer Bedeutung ist. In diesem Teil der Welt befinden wir uns nicht mehr im Kriegszustand. Es gibt aber hin und wieder noch einzelne Akte der Barbarei, und solche passieren immer und überall auf der Welt, weil es leider Menschen gibt, die kopflos und fanatisch handeln. Doch werden die Menschenrechte insgesamt nicht immer mehr beachtet, besonders jetzt, da sich die Lage zu entspannen beginnt?

Hanan Aschrawi: Ja, die Kommission ist mehr eine Institution zur Überwachung, eine Menschenrechtspolizei sozusagen. Sie ist eine Kombination aus einer Art Ombudsmann und einer staatlichen Kontrollstelle. Sie hat auch Züge einer alten arabisch-islamischen Tradition, dem »Klagegericht«, wo die Menschen hingehen konnten, um sich zu beschweren, wann immer sie sich gekränkt fühlten. Diese Kommission dient dem Aufbau staatlicher Institutionen, dem Aufbau eines neuen Gemeinwesens. Auf diesem Weg wollen wir sicherstellen, daß der Staat, den wir im Begriff sind zu gründen, die Gesetze und das Grundrecht der Bürger auf Freiheit in ausreichendem Maße berücksichtigt, so daß es keine Diskriminierung, keinen Machtmißbrauch und keine Verschwendung von Geldern mehr geben kann. Das sind hochgesteckte Ziele, aber wie Sie schon sagten, wir befinden uns an der Schwelle zu einem neuen Zeitalter. Wir müssen uns großen Herausforderungen stellen und uns stärker mit den Problemen im Inneren auseinandersetzen, statt uns auf den äußeren Feind zu konzentrieren. Es ist aber viel leichter, auf einen Feind von außen zu reagieren, als einen Wandlungsprozeß von innen heraus in Gang zu setzen.

Das ist neu für viele Menschen. Wir alle müssen lernen, ohne Feinde zu leben, und das hatten wir seit Anbeginn der Menschheit noch nicht.

Genau.

Und das ist schwierig.

Konfrontationen wurden von den Menschen bislang immer als normal empfunden – überall. Es wird auch immer Konflikte geben, aber der große Unterschied liegt darin, welche Lösungsstrategien man anwendet.

Allerdings schafft Feindschaft immer klare Positionen und Haltungen. Darauf kann sich dann alles konzentrieren.

Und sie setzt somit eine ganz bestimmte Dynamik frei.

Es war schon sehr interessant zu beobachten, wie sich alle nach dem Zusammenbruch des Kommunismus etwas verloren vorkamen: Es standen große Möglichkeiten offen, aber keiner wußte, wo es langgehen sollte.

Genau.

Die Nato mußte sich neue Aufgaben suchen. Und alle anderen Länder, denen früher der Zutritt zur Nato verweigert wurde, auch. Sie alle sahen sich gemeinsam einem großen Nichts gegenüberstehen.

Richtig. Nun, manchmal zeigen sich die Menschen in solchen Situationen als sehr einfallslos. Und ich sage Ihnen auch, warum. Wenn Sie sich mit keinem Gegner mehr messen können, hat das ganze klar zielgerichtete Vorwärtsstreben plötzlich keinen Sinn mehr. Und dann schafft der Mensch sich künstlich einen Feind. Und ich glaube, daß der Westen dabei ist, sich in den islamischen Fundamentalisten, wie man sie dort so schön nennt, einen neuen Feind zu schaffen. Sie verteufelt man jetzt. Ihr Feindbild mobilisiert die Menschen, und es kurbelt ihre Phantasie an. Ich beobachte diese Entwicklung in den Vereinigten Staaten oder auch in anderen Ländern, überall dort, wo an die Stelle des Ost-West-Konfliktes nun die Verteufelung des Islam tritt, als ob der Fundamentalismus für den Osten und die islamische Kultur schlechthin stünde. Ich finde, daß man damit die Dinge simplifiziert und reduziert, und das ist kontraproduktiv.

83

*Ja, möglicherweise haben Sie recht. Wir sollten doch eigent-
lich dieselbe Sprache sprechen, den gleichen Optimismus
hegen. Und doch greifen Sie noch zu repressiven Mitteln.
Reflexartig. Wie im tiefsten Mittelalter. Auge um Auge, Zahn
um Zahn. Denn Sie haben mir zugestimmt, als ich erwähnte,
daß es vorkäme, daß ein Haus in die Luft gejagt wird, nur
weil aus dem irgend jemand stammt, den Sie hassen. Und so
treffen Sie Menschen, die gar nichts damit zu tun haben. Sie
schikanieren die Leute mit Festnahmen und Freilassungen.
Gestern zum Beispiel gerieten wir wieder einmal in einen
Stau, und wir wollten wissen warum: Man hatte gerade Hunderte von Arretierten freigelassen.*

Aha.

*Wenn nur eine Kleinigkeit schiefläuft, wird wieder alles, was
man vorher zugesagt hatte, gestoppt. Und diese Maßnahmen
stehen meiner Meinung nach in krassem Gegensatz zu dem,
was man doch eigentlich erreichen will. Oder sehe ich das
falsch?*

Nein, in gewisser Weise haben Sie ja recht. Alte Gewohnhei-
ten legt man nur schwer ab. Und wir haben hier lange in einer
sehr absurden Situation gelebt, in der Situation von Besat-
zern und Besetzten. Und wir versuchen darum, die staatliche
Autorität zu stärken, um diesen Ausnahmezustand endlich zu
beenden. Jedenfalls allmählich. Aber natürlich haben wir
eine Führungselite, die an die Methoden und Denkstrukturen
einer nationalen Befreiungsbewegung gewöhnt ist. Wir
haben es mit einem Volk zu tun, dessen Forderung nach
humanen und demokratischen Rechten extrem laut ist, das
durch die 27 Jahre während Besetzung ein kollektives Trau-
ma entwickelt hat und Autoritäten als natürlichen Feind

84

empfindet. Und inmitten von diesen widersprüchlichen Realitäten versuchen wir, eine neue Ordnung zu schaffen.

Hier waren stets viele Religionen zu Hause, und hier gab es immer Konflikte. Gleichzeitig wird dieses Land immer als Ort des Weltfriedens beschrieben. Jesus wurde hier geboren.

Wir haben es zur Zeit mit einer sehr pragmatischen Frage zu tun. Nämlich: Ist hier auf beiden Seiten eine Einigkeit darüber zu erzielen, daß die Vereinbarungen, die die PLO und ihr Führer Arafat in der Kairoer Übereinkunft festgeschrieben haben, von den staatlichen Institutionen auch umgesetzt werden können? Die Menschen müssen hier Dinge tun, mit denen sie sich selbst untergraben und verleugnen – und ihre eigene Glaubwürdigkeit in den Augen der anderen verlieren. Und das ist eine extrem ernste Situation, so ernst wie Israels Sorge um seine Sicherheit. Und die Glaubwürdigkeit der nationalen Autoritäten wird daran gemessen, wie weit diese in der Lage sind, Gesetz und Ordnung, Stabilität und Sicherheit aufrechtzuerhalten, egal, wie viele Rechte der Palästinenser verletzt werden. Und je mehr sie die Rechte der Palästinenser verletzen, desto mehr wird die Glaubwürdigkeit oder die Legitimität der PLO in Frage gestellt. Das ist auch das Dilemma der PLO. Und das habe ich ihnen gesagt: Ihr müßt euch entscheiden, woher ihr eure Legitimation nehmen wollt. Bezieht ihr sie über äußere Anerkennung, durch Israel, Amerika, durch andere westliche Staaten oder durch die, deren Rechte ihr vertretet?

Sicherheit muß daraus entstehen, daß man die wahren Probleme, die wirklichen Gründe für die Instabilität anspricht. Man muß auf die Bedürfnisse der Menschen eingehen. Wir müssen die schwierigen, aber grundsätzlichen Probleme lösen, die zu diesem Konflikt geführt haben. Daraus entsteht Sicherheit.

27 Jahre Besetzung haben gezeigt, daß man Sicherheit nicht mit Gewalt erreichen kann: durch Unterdrückungsmaßnahmen, brutale Vorstöße, die Zerstörung von Häusern, Gefangennahmen, Ausweisungen, Deportationen, Morde, Exekutionen. Ein Gebiet zu besetzen ist in unserer heutigen Realität kein adäquates politisches Mittel mehr. Und der Versuch, aus den nationalen Autoritäten Ersatzbesetzer oder Wächter der Sicherheit Israels zu machen, kann auch nicht funktionieren. Ein neues Denken ist nötig, um die Zukunft zu meistern.

Welch wunderbarer Gedanke. Ich habe mir als Außenstehender um diesen Teil der Welt immer etwas Sorgen gemacht, denn ich bin natürlich mit der Bibel und dem Alten Testament groß geworden. Und mich haben diese Worte immer schon beunruhigt, die man viel zu oft hört: Es steht geschrieben ...

O ja.

Niemand fragt je, wer es geschrieben hat, oder warum. Oder wo es steht. Die Tatsache, daß es geschrieben steht, scheint zu reichen. Aber vielleicht werden wir eines Tages noch mehr Schriftrollen im Roten Meer finden, in denen steht ...

Die befinden sich sicher in meinem Arbeitszimmer da oben.

Das ist auch gut so. Dies hier ist ein hochsensibles Land, weil es so dicht bevölkert ist. Die Distanzen sind geringer als woanders. Demzufolge sind Nachrichten und Gerüchte schneller in Umlauf zu bringen, auch die entsprechenden Reaktionen folgen schneller.

Oh, das hat nichts mit der Bevölkerungsdichte zu tun. Nun, dieses Land ist sehr von seiner Geschichte geprägt, mit all den Gespenstern, die damit gerufen wurden. Daraus resultieren Forderungen und auch Gegenforderungen, ebenso geistige Verpflichtungen. Alles ist emotionsgeladen, und die Menschen spüren die Verpflichtungen deutlich, die für sie auch von existentieller Bedeutung sind. All das zusammengenommen erzeugt Spannung, verstehen Sie?

Da haben Sie wahrscheinlich recht. Denn »so steht es geschrieben«.

Man kann das Fatalismus oder Neigung zum Fatalismus oder zur Passivität nennen. Ich weiß nicht, ob Sie sich auf diese Diskussion einlassen wollen, welche Bedeutung die Passivität für die Araber, die Juden oder die Engländer hat. Aber generell kann man sagen, daß Fatalismus sehr bequem ist. Besonders dann, wenn man nicht selbst über die Dinge neu nachdenken will. Wenn man sagt, es steht geschrieben, dann gibt man die Verantwortung ab. Aber auch wenn man sich als Opfer der Geschichte beschreibt, dann ist man trotzdem Handelnder in dieser Geschichte. Und hier kommen wir in philosophische Betrachtungen über Geschichte, kulturelle Verpflichtungen und natürlich ethnische Authentizitäten sowie historische Rechtfertigungen. Welche Erklärung der Geschichte ist die richtige? Ihre oder meine? Haben wir Exklusivrechte oder nicht? Und werden sich die Probleme in diesem Teil der Welt je lösen?

Für uns ist hier das Zentrum der Welt. Im Mittelalter dachten die Menschen sogar, Jerusalem sei das Zentrum des Universums und der Mittelpunkt der Welt. Metaphorisch halten wir Jerusalem immer noch für das Zentrum des Universums, in spiritueller sowie in kultureller Hinsicht. Und wir glauben, daß der palästinensischen Frage somit auch eine zentrale Bedeutung zukommt. Denn wenn diese nicht gelöst wird, wird es auch in der übrigen Welt keine Stabilität geben.

Hier empfindet man die Spannungen sehr intensiv, weil hier ein Problem ganz dominierend ist, das es in der einen oder anderen Form überall auf der Welt gibt. Und das hat auch etwas mit der Zeit und dem Geschichtsabschnitt zu tun, in dem wir nun leben – mit der Tatsache zum Beispiel, daß manche Menschen noch glauben, mit Gefängnis Lösungen herbeizuführen, und andere eben nicht mehr. Strafmaßnahmen sind vielleicht bequem, ändern aber nichts.

Daß man darüber nicht schon früher nachgedacht hat. Als ob es zur Verbrechensbekämpfung reicht, daß man Menschen einsperrt und härtere Strafen verhängt. Wir müssen langsam erkennen, daß der Zwang, einen Mord zu begehen, meist genauso vorübergeht wie ein Schnupfen. Ein Mensch begeht wahrscheinlich einmal einen Mord und dann vielleicht nie wieder. Anfallartig. Aber was das angeht, so fängt man an, neu nachzudenken. Das ist sehr beruhigend und eine zentrale Frage unserer Gesellschaft, ja des Lebens sogar.

Wenn Sie nicht gerade das Mordopfer sind, mag man das vielleicht so sehen.

Aber es trifft den Kern der Frage schon: Was hat Priorität, zu strafen oder Einstellungen zu ändern?

Für uns ist die Verbrechensvorbeugung der wichtigste Aspekt. Und deshalb versuchen wir es in unserer Kommission mit dem präventiven Ansatz. Und erst zuletzt, wenn es nicht mehr anders geht, ziehen wir Strafmaßnahmen in Erwägung. Wir überprüfen dann aber die Gesetzestreue, die Verankerung im Gesetz, wir untersuchen Hintergründe. Wir fragen auch: Wie sieht das Gesetz aus, das zur Anwendung kommt? War der Prozeß korrekt? Und hat man alle Faktoren abgewogen? Und dann stellt sich noch die Frage: Bleibt die menschliche Integrität auch gewahrt, selbst unter den entwürdigendsten Bedingungen? Das ist uns sehr wichtig. Und schließlich untersucht man, ob möglicherweise die falschen Maßnahmen ergriffen wurden. Wir machen Vorschläge zur Lösung, wir helfen, die Dinge zu korrigieren. Ich bin absolut kein Verfechter von Passivität – ich will immer aktiv nach vorne gehen. Und deshalb lehnen wir uns nicht nur zurück und kritisieren, wir mischen uns ein, wir forschen nach, wir kommen zu Ergebnissen – und nicht nur das, wir tragen zu Verbesserungen bei, wir bestimmen das Tempo mit, und wir versuchen sicherzustellen, daß eine neue brauchbare Ordnung entsteht.

Wir wollen Verantwortung übernehmen, wir wollen für die menschliche Integrität und die Freiheit des Geistes Sorge tragen. Wir versuchen zu heilen. Denn wenn die Menschen im Innern nicht bereit sind, dann kann der Prozeß zur Aussöhnung und zum Frieden nicht zu Stabilität und dauerhaftem Frieden führen.

Genau, ich denke auch, daß der Mensch ein Mikrokosmos ist. Wenn man eine Krankheit irgendwo im Körper vernachlässigt, dann ist das gefährlich, weil der ganze Körper irgendwann in Mitleidenschaft gezogen wird. So einfach ist das, aber auch so kompliziert.

So ist es.

Und darum tragen wir alle Verantwortung.

Frau Aschrawi, ich fühle mich sehr, sehr geehrt, daß ich mit Ihnen über diese komplexen Themen sprechen durfte.

O nein! Ich fühle mich sehr geehrt, daß Sie hierhergekommen sind. Es war mir eine Freude, mich mit Ihnen zu unterhalten.

Ich danke Ihnen – und viel Glück bei Ihrer verantwortungsvollen Arbeit. Dies war ein sehr spontanes Gespräch, weil es nicht vorbereitet war.

Ich wußte gar nicht, daß das Gespräch aufgezeichnet wird. Ich dachte, wir plaudern ganz unter uns.

Das haben wir doch.

Da haben Sie recht, ja. Und ich freue mich, daß ich Ihre Gesellschaft genießen durfte. Dies ist mein Refugium, betrachten Sie es auch als das Ihre.

Friede sei mit Ihnen.

Danke.

Jitzhak Rabin vor seiner Dankesrede am 10. Dezember 1994 anläßlich der
Verleihung des Friedensnobelpreises in Oslo.

Dankesrede von Ministerpräsident Jitzhak Rabin nach Entgegennahme des Friedensnobelpreises am 10. Dezember 1994 in Oslo

Majestäten,

Verehrter Herr Vorsitzender und Mitglieder des norwegischen Nobelpreiskomitees,

Sehr geehrte Frau Ministerpräsidentin von Norwegen,

Liebe Mitpreisträger, Vorsitzender Arafat und Außenminister Schimon Peres,

Sehr geehrte Gäste,

da meines Wissens noch nie ein und dieselbe Person den Nobelpreis zweimal erhalten hat, gestatten Sie mir aus Anlaß dieser ganz besonderen Auszeichnung ein persönliches Wort.

In einem Alter, in dem die meisten jungen Leute mit großer Mühe die Geheimnisse der Mathematik zu ergründen und die Mysterien der Bibel zu entschlüsseln suchen, einem Alter, da die erste Liebe knospt, im zarten Alter von sechzehn Jahren, wurde mir ein Gewehr in die Hand gedrückt, damit ich mich verteidigen könne.

Das war keineswegs, was ich mir erträumt hatte. Ich wollte Wasserbauingenieur werden. Ich studierte an einer Landwirtschaftsschule und dachte, Wasserbauwerker sei im pergamenttrockenen Nahen Osten ein wichtiger Beruf. Das meine ich auch heute noch. Doch ich mußte mich dem Gewehr zuwenden.

Jahrzehntelang habe ich als Soldat gedient. Unter meinem Kommando mußten junge Männer und Frauen, die leben wollten, die lieben wollten, in den Tod gehen. Sie fielen, damit wir leben konnten.

Meine Damen und Herren, in meiner jetzigen Position habe ich reichlich Gelegenheit, über den Staat Israel und neuerdings sogar auch andere Teile des Nahen Ostens zu fliegen. Der Blick aus dem Flugzeug ist atemberaubend: azurnes Meer und tiefblaue Seen, dunkelgrüne Felder, sandfarbene Wüsten, steingraue Berge, und das ganze Land gesprenkelt von weißgetünchten, rotbedachten Häusern.

Und Friedhöfen. Gräber, so weit das Auge blickt.

Friedhöfe gibt es zu Hunderten in unserem Teil der Welt, dem Nahen Osten – in unserer israelischen Heimat, aber auch in Ägypten, Syrien, Jordanien, im Libanon. Aus mehrtausend Metern Höhe, vom Flugzeugfenster aus, sind die zahllosen Grabsteine stumm. Und doch wirft seit Jahrzehnten ihr lauter Protestruf aus dem Nahen Osten sein Echo in die ganze Welt.

Von dieser Stelle aus will ich einen Gruß entsenden an unsere Lieben – und an einstige Feinde. Sie alle möchte ich grüßen: die Gefallenen aller Länder und Kriege; ihre Familienangehörigen, die die endlose Last der Trauer tragen; die Schwerbeschädigten, deren Narben niemals verheilen. Mein Tribut heute abend gilt jedem einzelnen von ihnen, denn ihnen gehört dieser Preis.

Meine Damen und Herren, der Junge von einst ist in die Jahre gekommen, wie wir auf hebräisch sagen. »Na'ar hayiti, ve-gam zakanti.« Und von allem, woran ich mich aus zweiundsiebzig Jahren erinnere, steht ganz obenan und auf immer die Erinnerung an die Augenblicke der Stille: das bange Schweigen nach der Entscheidung und die erschrockene Stille vor der Tat.

Als Soldat, Befehlshaber und Verteidigungsminister habe ich die Durchführung vieler militärischer Operationen befohlen. Neben der Freude des Sieges und dem Leid der Todestrauer bleibt mir auf immer der Augenblick unmittelbar nach einer Entscheidung im Gedächtnis: das bange Schweigen, unter dem sich Generäle und Minister langsam von ihren Sitzen erheben, der Blick auf ihre Rücken, wenn sie langsam hinausgehen, das Geräusch der Tür, die ins Schloß fällt, und dann die Stille, in der ich allein zurückbleibe.

In diesem Augenblick wird man gewahr, was die eben getroffene Entscheidung zur Folge haben kann – daß Menschen in den Tod gehen. Menschen meines Volkes, Menschen anderer Völker. Die von alledem noch nichts ahnen.

Zur gleichen Stunde lachen sie noch und weinen, machen Pläne und träumen von Liebe, denken über die Bepflanzung eines Gartens oder den Bau eines Hauses nach – und ahnen nicht, daß die letzten Stunden auf Erden für sie angebrochen sind. Wen von ihnen wird das Schicksal ereilen? Wessen Bild schwarzgerahmt in der morgigen Zeitung stehen? Wessen Mutter bald Trauer tragen? Wessen Welt unter der Last des Verlustes zerbrechen?

Als ehemaliger Soldat wird mir auch immer die Stille im Augenblick davor im Gedächtnis haften: das Schweigen, während die Zeiger der Uhr voranzuhasten scheinen, wenn die Zeit unerbittlich abläuft und binnen einer Stunde, einer Minute das Inferno losbrechen wird.

In diesem spannungsgeladenen Augenblick, wenn gleich der Finger den Hahn durchziehen, die Lunte zu brennen beginnen wird – in der schrecklichen Lautlosigkeit dieses Augenblicks bleibt noch Zeit, sich zu fragen, ganz an sich allein die Frage zu stellen: Tut Handeln denn wirklich not? Gibt es gar keine andere Wahl, keinen anderen Weg?

»Gott erbarmt sich derer im Kindergarten«, schrieb der Dichter Yehuda Amichai, der heute abend unter uns weilt, und ich zitiere sein Gedicht:

»Gott erbarmt sich derer im Kindergarten
Weniger derer, die schon in der Schule
Nicht mehr aber der Ältern und Eltern.
Sie überläßt er sich selbst
Und manchmal läßt er sie kriechen auf allen vieren
Über den brennenden Sand
Hin zur Verbandsstation
Blutüberströmt.«

Jahrzehntelang hat sich Gott im Nahen Osten nicht einmal derer im Kindergarten noch der Schulkinder noch auch der Ältern erbarmt. Generationenlang war Mitleid ein Fremdwort im Nahen Osten.

Meine Damen und Herren, der Junge von einst ist in die Jahre gekommen. Und von allen Erinnerungen, die ich in meinen zweiundsiebzig Jahren gesammelt, gedenke ich nunmehr der Hoffnungen.

Die Menschen bei uns haben beschlossen, sie zum Leben zu erwecken. So schrecklich es klingt: Ihr Leben ist uns in die Hand gegeben. Heute abend sind ihre Augen auf uns gerichtet, und ihre Herzen fragen: Wie üben die Männer und Frauen die ihnen anvertraute Macht aus? Was werden sie beschließen? Zu welchem Tag werden wir morgen erwachen? Einem Tag des Friedens? Des Krieges? Des Lachens? Oder des Weinens?

Jedes Kind wird höchst undemokratisch geboren. Es kann sich nicht Vater und Mutter aussuchen, nicht das Geschlecht noch die Hautfarbe, weder seine Religion und Staatsangehörigkeit noch seine Heimat. Ob es im Herrschaftshaus oder in der Krippe zur Welt kommt, unter einem despotischen oder demokratischen Regime aufwächst – nichts von alledem kann es bestimmen. Von dem Augenblick an, da es, mit geschlossenen Fäustchen, zur Welt kommt, bestimmen die Führer seines Volkes – weitgehend – sein Schicksal. Sie sind es, die entscheiden, ob es in Geborgenheit oder Verzweiflung, in Sicherheit oder Angst leben wird. Sein Schicksal ruht in unserer Hand, in der Hand der Regierungen demokratischer oder anderer Länder.

Wie keine zwei Fingerabdrücke einander gleichen, sind auch nicht zwei Völker einander gleich, besitzt jedes Land seine eigenen Gesetze, seine Kultur, Tradition und Führung. Und doch gibt es eine universelle Botschaft, die die gesamte Welt zu umspannen vermag, ein Rezept für die verschiedensten Regimes, für die unterschiedlichsten Rassen und einander fremden Kulturen.

Diese Botschaft hat das jüdische Volk jahrtausendelang weitergetragen, die Botschaft des Buches der Bücher: »Ve'nishmartem me'od l'nafshoteichem« – »So achtet denn wohl auf einander«, oder in neuzeitlicheren Worten: die Botschaft der Heiligkeit des Lebens.

Die Verantwortlichen müssen die Rahmenbedingungen – gewissermaßen die Infrastruktur – setzen, damit ihre Völker ihr Leben genießen können: Rede- und Bewegungsfreiheit, Nahrung und Wohnung, und als Wichtigstes: das Leben. Nur wer lebt, kann seine Rechte wahrnehmen. Und so muß jedes Land den Schlüsselwert seines nationalen Ethos schützen: das Leben seiner Bürger.

Nur zur Verteidigung dieses Lebens dürfen wir unsere Bürger zu den Waffen rufen. Und um das Leben unserer in den Streitkräften dienenden Bürger zu schützen, investieren wir Riesensummen in Flugzeuge und Panzer und andere Mittel. Doch trotz alledem gelingt es uns nicht, das Leben unserer Bürger und Soldaten zu schützen. Militärfriedhöfe in aller

Welt legen schweigendes Zeugnis ab, daß nationale Führungen an der Heiligkeit des Lebens versagt haben.

Es gibt nur ein einziges, radikales Mittel, Menschenleben heilig zu halten. Diese eine, radikale Lösung heißt wirklicher Friede.

Meine Damen und Herren, in gewissem Sinne ist der Soldatenberuf paradox. Wir rufen unsere besten und tapfersten jungen Männer zu den Fahnen. Wir versorgen sie mit Ausrüstung, die ein Vermögen kostet. Wir bilden sie mit aller Strenge für den Tag aus, an dem sie ihre Pflicht erfüllen müssen, und wir erwarten, daß sie sie gut erfüllen. Und doch beten wir inständig, daß dieser Tag niemals kommen möge, daß die Flugzeuge nie starten, die Panzer sich nie in Bewegung setzen, die Soldaten niemals die Angriffe führen müssen, für die sie so gut ausgebildet wurden.

Wir beten, daß es niemals geschehe, weil das Leben heilig ist.

Die ganze Geschichte, und die neuere zumal, kennt schmachvolle Zeiten, da Regierende ihre Bürger zu Kanonenfutter machten im Namen verruchter Doktrinen, so des unsäglichen Nazismus, des schrecklichen Nazismus. Die Bilder von den Kindern, die ins Schlachthaus marschieren, die Fotos von den angstzerwühlten Frauen an den Krematorientoren müssen jedem Verantwortlichen unserer und der kommenden Generationen stets vor Augen stehen. Allen Mächtigen müssen sie stete Warnung sein.

Fast alle Regimes, die die Heiligkeit des Lebens nicht zum Kern ihrer Weltanschauung machten – alle diese Regimes sind zerbrochen und dahin. Deutlich erkennen wir es in unserer Zeit.

Dennoch ist dies nicht das ganze Bild. Um seiner Heiligkeit willen müssen wir manchmal das Leben wagen. Manchmal gibt es keinen anderen Weg zur Verteidigung unserer

Bürger, als um ihr Leben, ihre Sicherheit und ihre Freiheit zu kämpfen. Dies ist das Credo eines jeden demokratischen Staates.

Im Staate Israel, aus dem ich komme, in den israelischen Verteidigungskräften, denen ich dienen durfte, betrachten wir seit jeher die Heiligkeit des Lebens als höchsten Wert. Nie sind wir in den Krieg gezogen, wenn er uns nicht aufgezwungen war.

Die Geschichte des Staates Israel, die Annalen der israelischen Verteidigungskräfte erzählen vieltausendfach die Geschichte von Soldaten, die sich aufgeopfert haben, die starben, als sie verwundete Kameraden zu bergen suchten, die ihr Leben hingaben, damit unschuldige Menschen auf seiten ihres Feindes nicht zu Schaden kamen.

In den nächsten Tagen wird eine Sonderkommission der israelischen Streitkräfte die Ausarbeitung eines Verhaltenskodex für unsere Soldaten beenden. Über das menschliche Leben heißt es dort:

»In Erkenntnis seiner überragenden Bedeutung wahrt der Soldat auf jede erdenkliche Weise das menschliche Leben und setzt sich oder andere nur in dem Maße der Gefahr aus, die für die Erfüllung seines Auftrags unerläßlich ist.

Die Heiligkeit des Lebens schlägt sich für den Soldaten der israelischen Verteidigungskräfte in seinem gesamten Handeln nieder.«

Auf viele Jahre hinaus werden diese Worte – selbst wenn die Kriege zu Ende gehen und der Friede in unser Land einkehrt – eine Feuersäule sein, die vor unserem Lager herzieht und unserem Volk den Weg weist. Darauf sind wir stolz.

Meine Damen und Herren, wir befinden uns inmitten des Aufbaus des Friedens. Noch während wir heute abend versammelt sind, sind die Architekten und Ingenieure dieses Unternehmens am Werk, bauen den Frieden Lage um Lage,

Ziegel um Ziegel. Die Arbeit ist schwer, verwickelt, gefahrendurchwoben. Ein kleiner Fehler kann das ganze Gebäude zum Einsturz bringen und die Katastrophe über uns hereinbrechen lassen.

Darum sind wir entschlossen, gute Arbeit zu leisten – trotz des Blutzolls des mörderischen Terrorismus, den fanatischen und grausamen Friedensfeinden zum Trotz.

Entschlossen und kraftvoll schreiten wir auf dem Weg zum Frieden voran. Unbeirrt. Unnachgiebig. Der Friede wird über alle seine Feinde triumphieren, denn die Alternative für uns alle wäre düster. Und wir werden es schaffen.

Wir werden es schaffen, weil wir den Aufbau des Friedens als großen Segen für uns und unsere Kinder empfinden. Als Segen auch für unsere Nachbarn zu allen Seiten, als Segen für unsere Partner in diesem Unterfangen – die Vereinigten Staaten, Rußland, Norwegen –, die so viel beitrugen zu dem Abkommen, das hier unterzeichnet wurde, sodann in Washington, später in Kairo, und das den Anfang machte zur Lösung des längsten und schwierigsten Teils des arabisch-israelischen Konflikts: des palästinensisch-israelischen Problems. Auch allen anderen, die dazu beigetragen haben, danken wir.

Nunmehr erwachen wir Morgen um Morgen als ein anderes Volk. Der Friede ist möglich geworden. Wir sehen die Hoffnung in den Augen unserer Kinder. Wir sehen sie im Leuchten der Gesichter unserer Soldaten, auf den Straßen, in den Bussen, auf den Feldern. Wir dürfen sie nicht enttäuschen. Wir werden sie nicht enttäuschen.

Ich stehe nicht allein hier heute abend auf diesem kleinen Podium in Oslo. Ich spreche im Namen ganzer Generationen von Israelis und Juden, im Namen der Hirten Israels – und Sie wissen, daß David, der vor dreitausend Jahren Jerusalem zu erbauen begann, Hirte war –, seiner Viehtreiber und Pflanzer von Maulbeerbäumen, wie es der Prophet Amos einst war, im Namen der Rebellen gegen das Establishment, zu denen der Prophet Jeremiah zählte, und im Namen der Männer, die zur See fuhren, wie einstmals der Prophet Jonah.

Ich spreche im Namen der Dichter und aller, die vom Ende der Kriege träumten, wie einst Isaiah.

Ich spreche auch im Namen von Söhnen des jüdischen Volkes wie Albert Einstein und Baruch Spinoza, wie Maimonides, Sigmund Freud und Franz Kafka.

Und ich bin der Sendbote der Millionen, die im Holocaust starben und unter denen gewiß viele Einsteins und Freuds waren, die uns und der Menschheit in den Flammen der Krematorien verlorengingen.

Ich stehe hier als Sendbote von Jerusalem, an dessen Toren ich in den Tagen der Belagerung kämpfte, jenes Jerusalem, das seit jeher und heute die ewige Hauptstadt des Staates Israel und das Herz des jüdischen Volkes war und ist, das sich dreimal täglich in seine Richtung betend verneigte.

Ich bin auch der Sendbote der Kinder, die ihre Friedensvision aufmalten, und der Einwanderer aus St. Petersburg und Addis Abeba.

Vor allem stehe ich hier für die künftigen Generationen, damit wir alle uns würdig erweisen der Medaille, mit der Sie heute mich und meine Kollegen ausgezeichnet haben.

Ich stehe heute hier als Sendbote – wenn Sie mir dies erlauben wollen – unserer Nachbarn, die unsere Feinde waren. Ich stehe hier als Sendbote der himmelstürmenden Hoffnungen eines Volkes, das das Schlimmste ertragen mußte, was die Geschichte je feilbot, und das dennoch seinen Stempel der Chronik nicht nur des jüdischen Volkes, sondern der ganzen Menschheit aufgedrückt hat.

Bei mir sind fünf Millionen Bürger Israels – Juden, Araber, Drusen und Tscherkessen –, fünf Millionen Herzen, die

101

für den Frieden schlagen, und fünf Millionen Augenpaare, die mit so großer Friedenserwartung auf uns blicken.

Meine Damen und Herren, ich möchte an erster Stelle den Bürgern des Staates Israel danken, den Bürgern aller Generationen, aller politischen Schattierungen, deren Opfer und unnachgiebiger Kampf um den Frieden uns unserem Ziel näher bringt.

Ich möchte unseren Partnern danken – den Ägyptern, den Jordaniern und den Palästinensern unter Führung des Vorsitzenden der Palästinensischen Befreiungsfront Jassir Arafat, mit dem gemeinsam ich den Friedensnobelpreis erhielt –, die sich zum Weg des Friedens entschlossen und in den Annalen des Nahen Ostens ein neues Kapitel aufschlugen.

Ich möchte den Mitgliedern der israelischen Regierung danken, allen voran meinem Partner, Außenminister Schimon Peres, dessen Tatkraft und Hingabe an die Sache des Friedens uns allen Vorbild ist.

Danken möchte ich meiner Familie, die mir Stütze war auf meinem langen Weg.

Und natürlich danke ich dem Vorsitzenden, den Mitgliedern des Nobelpreiskomitees und dem mutigen norwegischen Volk, daß sie meinen Kollegen und mir diese glänzende Ehre zugedacht haben.

Meine Damen und Herren, lassen Sie mich mit einem alten jüdischen Segensspruch schließen, den mein Volk in guten wie in bösen Tagen als Zeichen seiner tiefsten Sehnsucht rezitiert:

»Der Herr schenkt Kraft seinem Volke; der Herr segnet sein Volk – und uns alle – mit Frieden.«

Ich danke Ihnen von Herzen.

(Ins Deutsche übertragen von Hermann Kusterer)

Oben: Jitzhak Rabin und Schimon Peres bei der Friedenskundgebung in Tel
Aviv am 4. November 1995, nur wenige Momente bevor die Schüsse fallen.
Unten: Etwa 100 000 Menschen beteiligen sich an der Friedensdemonstra-
tion, die unter dem Motto »Ja zum Frieden – Nein zur Gewalt« steht.

Ansprache von Ministerpräsident Rabin bei der Friedenskundgebung in Tel Aviv am 4. November 1995

Ich bin tief bewegt. Jedem einzelnen von euch danke ich, die ihr heute zu dieser Kundgebung gegen Gewalt und für den Frieden gekommen seid. Die Regierung, die ich mit meinem Freund Schimon Peres anführen darf, hat beschlossen, dem Frieden eine Chance zu geben – einem Frieden, der die meisten Probleme Israels lösen wird.

Siebenundzwanzig Jahre lang war ich Soldat. Ich kämpfte, solange es keine Aussicht auf Frieden gab. Nun aber glaube ich, daß der Friede eine Chance hat, eine große Chance. Sie müssen wir ergreifen zum Wohle derer, die hier stehen, und derer, die nicht hier stehen – und es sind viele.

Seit jeher hege ich die Überzeugung, daß die Mehrheit des Volkes Frieden will und bereit ist, für den Frieden Risiken auf sich zu nehmen. Indem ihr heute hergekommen seid, beweist ihr gemeinsam mit vielen anderen, die nicht kamen, daß das Volk wahrhaft Frieden will und Gewalt ablehnt. Gewalt nagt am Fundament der israelischen Demokratie. Die Gewalt muß verurteilt und angeprangert werden. Nicht sie kennzeichnet die Art des Staates Israel. In einer Demokratie mag es unterschiedliche Meinungen geben, aber die endgültige Entscheidung fällt in demokratischen Wahlen wie denen von 1992, die uns das Mandat erteilten, das zu tun, was wir tun, und auf diesem Weg fortzufahren.

Ich bin stolz darauf, daß Vertreter der Länder, mit denen

wir in Frieden leben, heute unter uns weilen und bei uns bleiben werden. Ägypten, Jordanien und Marokko, die uns den Weg zum Frieden geebnet haben. Mein Dank gilt dem ägyptischen Präsidenten, dem König von Jordanien und dem König von Marokko, die heute hier vertreten sind, für ihre Partnerschaft auf unserem Marsch in den Frieden.

Noch schwerer aber wiegt, daß das israelische Volk in den mehr als drei Jahren dieser Regierung bewiesen hat, daß der Friedensschluß möglich ist, daß der Friede die Tür aufstößt zu einer besseren Wirtschaft und Gesellschaft, daß Friede kein leeres Gebet ist. Friede ist das erste Wort all unserer Gebete, ihm gilt die Sehnsucht des jüdischen Volkes, das von wahrer Friedenssehnsucht beseelt ist.

Es gibt Feinde des Friedens, die uns schaden wollen, um den Friedensprozeß zu torpedieren. Ich sage ganz unumwunden, daß wir auch bei den Palästinensern einen Partner für den Frieden gefunden haben: Die PLO, einst ein Feind, hat dem Terrorismus entsagt. Ohne Partner für den Frieden kann es keinen Frieden geben. Wir werden von ihnen verlangen, daß sie ihr Teil zum Frieden beitragen, wie auch wir unser Teil zum Frieden beitragen, um den kompliziertesten, anhaltendsten und emotionsbelastetsten Aspekt des israelisch-arabischen Konfliktes zu lösen: den palästinensisch-israelischen Konflikt.

Der Weg dorthin ist dornenvoll und schmerzlich. Für Israel gibt es keinen schmerzlosen Weg. Aber der Weg des Friedens ist dem des Krieges allemal vorzuziehen. Ich sage euch das als einer, der viele Jahre als Soldat gedient hat, der heute Verteidigungsminister ist und den Schmerz der Familien unserer Soldaten kennt. Für sie, für unsere Kinder, in meinem Fall für unsere Enkel, will ich unsere Regierung jede Chance, jede Möglichkeit bis zum letzten ausschöpfen lassen, einen umfassenden Frieden zu fördern und zu erreichen. Sogar mit Syrien wird der Friedensschluß möglich sein.

Diese Kundgebung sendet eine Botschaft an das israelische Volk, an das jüdische Volk in der ganzen Welt, an viele Völker in der arabischen Welt, ja, eine Botschaft an die ganze Welt, daß nämlich das israelische Volk den Frieden will, für den Frieden einsteht. Und dafür danke ich euch.

(Ins Deutsche übertragen von Hermann Kusterer)

שיר לשלום

תנו לשמש לעלות
לבוקר להאיר
הזקה שבתפילות
אותנו לא תחזיר
אל תגידו יום יבוא
הביאו את היום
כי לא חלום הוא
ובכל הכיכרות
הריעו רק שלום

פזמון חוזר X3 פעמים

תנו לשמש לעלות
לבוקר להעיר
הזקה שבתפילות
אותנו לא תחזיר
מי אשר כבה נרו
ובעפר נטמן
בכי מר לא יעירו
לא יחזיר לכאן
איש אותנו לא ישיב
מבור תחתית אפל
כאן לא יועילו
לא שמחת הנצחון
ולא שירי הלל

פזמון חזר:

לכן רק שירו
שיר לשלום
אל תלחשו תפילה
מוטב תשירו שיר לשלום
בצעקה גדולה

תנו לשמש לעלות
מבעד לפרחים
אל תביטו לאחור
הניחו להולכים
שאו עיניים בתקוה
לא דרך כוונות
שירו שיר לאהבה
ולא למלחמות
אל תגידו יום יבוא
הביאו את היום
כי לא חלום הוא
ובכל הכיכרות
הריעו רק שלום.

פזמון חוזר:

Das blutbefleckte Stück Papier mit dem Text des Friedensliedes, das Jitzhak
wenige Minuten vor seiner Ermordung mit 100 000 Demonstranten gesun-
gen hatte.

Worte von Noa Ben-Artzi am Grabe ihres Großvaters Jitzhak Rabin auf dem Herzlfriedhof in Jerusalem am 6. November 1995

Verzeiht mir, wenn ich nicht vom Frieden rede. Ich will von meinem Großvater sprechen. Immer erwacht man aus Alpträumen. Aber seit gestern dauert der Alptraum nach dem Erwachen fort – der endlose, unerträgliche Alptraum eines Lebens ohne Dich. Unablässig zeigt das Fernsehen Dein Bild: Du bist so lebendig und greifbar, daß ich Dich fast berühren kann – aber eben nur »fast«, denn meine Hand greift ins Leere.

Großvater, Du warst die Feuersäule vor dem Lager, doch nun ist nur mehr das Lager geblieben, wir sind allein im Dunkeln, und es ist kalt und unsagbar traurig. Wir reden von nationaler Tragödie – doch wie soll man ein ganzes Volk trösten oder in den persönlichen Schmerz einschließen, wenn Großmutter nicht mehr aufhört zu weinen, wir stumm sind und die schreckliche Leere spüren, die Dein Weggang zurückließ.

Wenige nur haben Dich wirklich gekannt. Ich höre sie von Dir sprechen und weiß doch, daß sie keine Ahnung haben von dem abgrundtiefen Schmerz, dem Unheil, ja, diesem Holocaust für uns, für die Familie und Freunde, die als Lager zurückgeblieben sind – ohne Dich, unsere Feuersäule.

Großvater, Du warst und bist und bleibst unser Held. Du sollst wissen, daß ich bei allem, was ich tat, immer Dich vor Augen hatte. Bei jedem Schritt, auf allen Wegen hat uns Deine Fürsorge und Liebe begleitet. Deine Werte haben unser

111

Dasein erhellt. Nie hast Du uns verlassen, aber jetzt haben sie Dich verlassen, Dich, meinen ewigen Helden, kalt nun und einsam, und ich kann nichts tun, Dich zu retten, Dich, der Du ein so großartiger Mensch warst.

Größere als ich haben Dich hier gepriesen, doch keinem von ihnen ward das Glück zuteil, wie ich die Liebkosung Deiner guten, sanften Hände zu spüren und die Wärme Deiner Umarmung, die nur uns galt, oder auch Dein angedeutetes Lächeln zu erfahren, das uns immer so vieles sagte und sagt, dieses Lächeln, das nun nicht mehr ist, das mit Dir starb. Ich kann keine Rachsucht empfinden, denn mein Schmerz und Verlust sind so groß – zu groß. Unseren Füßen hat sich der Boden entzogen. Wir befinden jetzt irgendwie in der Leere des Raums, bislang ohne rechten Erfolg. Ich bringe es nicht zu Ende, aber mir ist, als habe eine fremde Hand, ein erbärmliches Wesen, ein Ende gesetzt. So scheide ich von Dir, dem Helden, und bete, daß du in Frieden ruhest, daß Du an uns denkst und uns vermissest, weil wir – hier unten – Dich so sehr lieben. Die Engel des Himmels, die Dich jetzt begleiten, flehe ich an, Dich zu beschützen, gut auf Dich zu achten, Dich sorgsam zu behüten, denn Du bedarfst ihrer Hut. Wir lieben Dich, Großvater, wir werden Dich immer lieben.

(Ins Deutsche übertragen von Hermann Kusterer)

Oben: Staatsmänner aus aller Welt geben dem ermordeten Ministerpräsidenten das letzte Geleit: Jacques Chirac, John Major, Prinz Charles, Helmut Kohl, Roman Herzog, Butros Butros-Ghali, Hosni Mubarak, Bill Clinton und Wim Kok (von links nach rechts).

Rechts: Die Fassungslosigkeit steht in ihren Gesichtern geschrieben. Lea Rabin, Sohn Juval, Enkelin Noa und Tochter Dalia (von links). Im Hintergrund: Hillary Clinton, Königin Nur und ihr Mann Hussein von Jordanien.

Die Welt ist bestürzt –
Stimmen zum Tod Jitzhak Rabins

>»Ich bin überzeugt, daß sich kein Jude dazu
>hinreißen ließe, andere Juden zu töten.«
>
>*Jitzhak Rabin*

>»Ich habe allein gehandelt, aber vielleicht mit Gott. Ich
>bereue nicht, was ich getan habe. Ich bin zufrieden.«
>
>*Jigal Amir*
>*Attentäter*

>»Auf Wiedersehen, mein älterer Bruder, mach's gut. Wir
>werden die Friedensbotschaft weitertragen nach nah und
>fern, wie du es im Leben wolltest und wie es deinem Ver-
>mächtnis im Tod entspricht.«
>
>*Schimon Peres*
>*amtierender israelischer Ministerpräsident*

>»Jitzhak hat gekämpft für unsere Unabhängigkeit. Er trachte-
>te danach, ein neues Land zu gründen. Von Kindheit an hat er
>für die Heimat gewirkt. Er war nobel und blieb nobel.«
>
>*Eser Weizman*
>*israelischer Staatspräsident*

>»Ich selbst werde das Werk fortsetzen, so wahr ich vor Ihnen,
>vor meinem Volk und dem Volk Israels stehe. Solange ich
>lebe, werde ich stolz sein, mit ihm gearbeitet zu haben, als ein
>Freund, Partner und Mensch.«
>
>*König Hussein von Jordanien*

»Wir müssen unsere Anstrengungen verdoppeln. Das beste Denkmal für den Toten ist, sein Werk des Friedens fortzusetzen.«

Hosni Mubarak
ägyptischer Staatspräsident

»Ich bin von diesem furchtbaren Verbrechen schockiert. Mein Mitgefühl gilt Rabins Ehefrau und seiner Familie, der israelischen Regierung und dem israelischen Volk. Ich spreche nicht nur für mich, sondern für das ganze palästinensische Volk.«

Jassir Arafat
Vorsitzender des palästinensischen Autonomierates

»Dieser Sohn Davids und Salomons hat die Waffen ergriffen, um Israels Freiheit zu verteidigen, und er hat sein Leben dafür gegeben, um Israels Zukunft zu sichern. Ihr Regierungschef war ein Märtyrer für den Frieden, und er war ein Opfer des Hasses.«

Bill Clinton
amerikanischer Präsident

»Wir sind der Überzeugung, daß er sein Leben nicht umsonst geopfert hat. Die internationale Gemeinschaft und die Völker in aller Welt sind von Jitzhak Rabin inspiriert, Krieg und Gewalt aufzugeben.«

Diego Freitas do Amaral
Präsident der 50. UN-Vollversammlung

»Es war der kostbare Einsatz für den Frieden – von einem Mann, der den Krieg kannte.«

Felipe González
spanischer Ministerpräsident und EU-Ratsvorsitzender

»Er gab sein Leben für den Frieden. Die beste Erinnerung an ihn ist, sein Lebenswerk zu vollenden.«

John Major
britischer Premierminister

»Der feige Mord traf einen Mann, der durch großen Mut und den vollen Einsatz seiner Persönlichkeit den Frieden im Nahen Osten erreichen wollte.«

Helmut Kohl
Bundeskanzler der Bundesrepublik Deutschland

»Ich kenne keinen Juden, der so etwas für möglich gehalten hätte. Es zeigt, wieweit sich bereits irrationale Leidenschaften verfestigt haben.«

Henry Kissinger
ehemaliger amerikanischer Außenminister

»In einer Demokratie werden Regierungen durch Wahlen ersetzt und nicht durch Mord.«

Benjamin Netanjahu
Vorsitzender des oppositionellen Likud-Blocks

»Ich billige nicht, was geschehen ist. Aber so kommt es, wenn man gegen das Gesetz der Thora verstößt.«

Tamir Tazon
militanter jüdischer Fundamentalist

»Wir bedauern Rabins Tod nicht, weil er selbst ein terroristischer Mörder war und eine Bande von Mördern führte. Wir bedauern nur, daß er von einem Juden getötet wurde und nicht von einem Palästinenser.«

Ahmad Dschibril
Führer der Volksfront für die Befreiung Palästinas

»Wir freuen uns über die Ermordung, aber wir denken, daß es nur eine ungenügende Rache für den Tod unseres Führers Fathi Schiqaqi ist.«

Ein Sprecher des Islamischen Dschihad
in einem libanesischen Flüchtlingslager

»Jetzt kann der palästinensische Widerstand Luft holen. Sein Tod wird uns mehr Raum geben, unsere Position deutlicher zu erklären.«

Ibrahim Goscheh
Sprecher der Hamas-Bewegung

»Die Rache Gottes.«

Haschemi Rafsandschani
iranischer Präsident

»Niemand hat jemals geglaubt, daß eine solche Sache bei uns passieren könnte.«

Mosche Schachal
israelischer Polizeiminister

Ein Opfer für den Frieden

Jitzhak Rabin – der harte Kämpfer, der
ganz unsentimental zur Taube wurde

von Amos Oz

Jitzhak Rabin war mir in den siebziger Jahren ein persönlicher Freund. Er war ein gefühlvoller Mensch, fast besessen von dem Drang, seine Gefühle zu verbergen. Wie viele Israelis seiner Generation meinte er, all diese Empfindungen gingen niemanden anderen etwas an. Wir haben öfter darüber gestritten. Rabin sagte dann: »Was du empfindest und woran du glaubst, gut, du kannst es mir sagen, wenn du es willst – aber am Ende laß mich bitte wissen, was du denkst.« Ein- oder zweimal ging er so weit, mir zu sagen: »Ich glaube, dieses Geschäft macht mich ein wenig schwermütig – aber laß uns lieber darüber nachdenken, was man dagegen tun kann.«

Unsere Freundschaft verblaßte, als ich seine halbherzigen Ansichten über die israelische Invasion im Libanon 1982 öffentlich kritisierte; ich hielt den Einmarsch für ein Desaster, wohingegen Rabin irgendwie zögerte, ihn zu verdammen. Er kam nie auf den Gedanken, zum Telefon zu greifen, um mir zu sagen, daß meine öffentliche Kritik an seinem Verhalten ihn verletzt und verärgert habe. Er zeigte schlicht die kalte Schulter und antwortete mit einer unpersönlichen Attacke auf »diese sentimentalen Tauben«.

Ich beobachtete, wie er sich von einem vernünftigen Hardliner nach und nach und – wie ich vermute – mühsam in eine unsentimentale Taube verwandelte. Dieser Wandel vollzog sich sogar in der Zeit, als er in der Mitte und gegen Ende der achtziger Jahre zuständig war für die Unterdrückung der palästinensischen Intifada; damals war er Verteidigungsminister in Jitzhak Schamirs Regierung der Nationalen Einheit. Als er 1992 zum Premierminister gewählt wurde, griff er die »Peace-now«-Politik auf, sogar einiges von der »Frieden-jetzt«-Rhetorik, und führte Israel zu einem historischen Kompromiß mit den Palästinensern.

Allerdings hat er den Bürgern niemals erklärt, was ihn zu diesem Wandel veranlaßte. Er hat nicht einmal zugegeben, daß er umgedacht hatte. »Gefühle«, so sagte er mir vor vielen Jahren, »gehören in deine Abteilung; ich analysiere nur die Lage und versuche, eine vernünftige Schlußfolgerung zu ziehen.« Das war seine Art, seine »unemotionalen Gefühle« auszudrücken.

Im Verlauf des israelisch-palästinensischen Konflikts hat er wahrscheinlich schlicht folgendes getan: Zusammen mit Schimon Peres schuf er ein neues Umfeld der Einsicht. Dazu gehörten die Anerkennung der palästinensischen Tragödie und eine Politik, die darauf aus war, die einzige Heimstatt sowohl der Israelis als auch der Palästinenser in zwei Doppelhaushälften zu verwandeln. Dort könnten dann Israel und Palästina zusammenwohnen, als Nachbarn Tür an Tür – wenn schon nicht in erwiderter Liebe, so doch zumindest in gegenseitigem Respekt und in guter Nachbarschaft.

Ein jeder, der sich verändert, ist in den Augen derer, die sich nie ändern können, nur zu oft ein Verräter. Dabei könnte es sich herausstellen, daß der Fanatiker, der Jitzhak Rabin ermordete, den Friedensprozeß beschleunigt, indem er die friedenswillige Mehrheit in Israel noch entschiedener stimmt, die Mühen des Friedensschlusses zu einem guten Ende zu bringen. Die Opposition des Likud mag sich den Bedingungen des gegenwärtigen Abkommens zwischen

Israelis und Palästinensern widersetzen, aber sie ist der parlamentarischen Demokratie aufrichtig verpflichtet – und wird von tollwütigen Splittergruppen der Fanatiker nicht minder bedroht als das übrige Israel.

Die Mordtat an Jitzhak Rabin war nicht nur ein Anschlag auf den Frieden – sie war vor allem ein Angriff auf die israelische Demokratie, auf Israel als eine rechtlich gesittete Gesellschaft und auf die heiligsten Werte des Judentums. Diese Fundamentalisten sind scharf darauf, die Araber auf immer und ewig zu bekämpfen. Aber noch lieber möchten sie Israel in eine militante Theokratie nach dem Vorbild des Iran verwandeln.

Schimon Peres, der amtierende Premierminister, war der Architekt der Osloer Vereinbarungen zwischen Israel und der PLO. Er wird zügig handeln müssen, um jene Splittergruppen zu verbieten – jene Splittergruppen, die gegen den Frieden eingestellt sind, gegen die Demokratie, gegen das 20. Jahrhundert. Und zur gleichen Zeit muß er verlangen, daß Jassir Arafat nicht weniger entschieden gegen die bewaffneten Terrorgruppen in seinem Gebiet vorgeht.

Die entscheidende Schlacht wird im Nahen Osten nicht mehr zwischen Juden und Arabern oder zwischen Israelis und Palästinensern ausgefochten. Statt dessen geht es um den Kampf gegen die gewalttätigen Eiferer auf beiden Seiten – jene Eiferer, die den israelisch-arabischen Konflikt brauchen, um hier wie dort zu bewahren, was sie als ihre »Identität« betrachten. Diese Fanatiker versteifen sich auf das eine: Wenn es erst einmal keinen bösen Buben oder kein Reich des Bösen mehr gibt auf der Welt, dann gibt es nichts mehr, was einen als guten Kerl oder Gotteskämpfer erscheinen läßt.

Jetzt ist für Israelis wie für Araber die Zeit gekommen, den Fanatismus zurückzuweisen. Den fruchtbaren Boden für Fanatismus bilden die Hoffnungslosigkeit, die Verzweiflung und die Orientierungslosigkeit. Ein Klima der Hoffnung und des mutigen Zugehens auf den Frieden würde das Eiferertum austrocknen. Israel wird unter Schimon Peres' Führung noch hartnäckiger nach Frieden und nach neuen Hoffnungen für Versöhnung streben – und die arabische Welt sollte bald darauf antworten, indem sie dem Volk Israel noch mehr Gründe gibt, sich für die Hoffnung zu entscheiden.

Aus: »Die Zeit«, 9. November 1995

Amos Oz, israelischer Schriftsteller, kämpfte als Soldat in den Nahostkriegen von 1967 und 1973. Später gehörte er zu den Gründern der Bewegung »Frieden jetzt«. 1992 wurde Amos Oz mit dem Friedenspreis des deutschen Buchhandels ausgezeichnet.

Der Frieden brauchte seinen Mut

Jitzhak Rabin hat ein Leben lang für Israel gekämpft.
Das verwaiste Volk will sein Testament erfüllen

Von Ari Rath

Sie kommen am Tag und in der Nacht und verharren in stiller
Andacht vor dem frischen, mit Blumen, Kränzen und Plaka-
ten bedeckten Grab auf dem Herzlberg in Jerusalem. Sie zün-
den Gedächtniskerzen an, schreiben Gedichte und Briefe,
singen leise Lieder und bitten Jitzhak Rabin um Verzeihung,
daß sie ihn nicht rechtzeitig unterstützt und beschützt haben.
Sie kommen aus allen Teilen des Landes. Sie versprechen,
Rabins Werk fortzusetzen und sein politisches Erbe, den
Frieden, zu erfüllen. Die schweigende Mehrheit des Landes
bietet jetzt dem toten Regierungschef, was ihm im Leben
nicht vergönnt war.

Es ist ein endloser Strom von Menschen aus allen Schich-
ten der Bevölkerung, junge und ältere, aber meistens Jugendliche, für die Rabin Vaterfigur und wahrer Sohn seines Landes war. Tausende strömen Tag und Nacht, auch zu dem großen Platz vor dem Rathaus von Tel Aviv, der jetzt auch offi-
ziell vom Platz der Könige Israels zum Jitzhak-Rabin-Platz
umbenannt wurde. Es zieht sie immer wieder zu dem Ort, an
dem Israels Ministerpräsident und Verteidigungsminister
nach einer riesigen Friedenskundgebung seinen tragischen
Tod von der Hand eines jungen nationalistisch-religiösen
Fanatikers gefunden hat.

Sie stehen auch stundenlang vor dem großen Wohnhaus
im Tel Aviver Vorort Ramat Aviv, wo die Witwe Lea Rabin

mit ihrem Mann zwanzig Jahre zu Hause war. Sie wollen so der Familie ihr Mitgefühl und ihre persönliche Trauer bekunden. Denn sie fühlen sich alle selbst betroffen, verlassen und verwaist.

Die trauernde Witwe Lea Rabin bedankte sich für diese spontanen Solidaritätserklärungen vor ihrem Haus, aber sie sagte auch, wie schade es sei, »daß ihr nicht gekommen seid, als jede Woche Dutzende Rechtsextremisten hier gegenüber standen und meinen Mann ›Verräter‹ und ›Mörder‹ nannten«. Wie gerne würde sie Jitzhak von diesen herrlichen Sympathiekundgebungen berichten.

Im Tod hat Jitzhak Rabin den ihm gebührenden Platz in der Geschichte seines Landes und seines Volkes eingenommen. »Ein einziger in seiner Generation der 1948er«, heißt es in vielen Nachrufen über das Jahr, in dem eine kleine Anzahl junger Männer wie Rabin den eben geborenen Staat mit unendlicher Tapferkeit, Aufopferung und Entschlossenheit gegen weit überlegene Armeen verteidigt und gerettet hat. Das ist ein Titel, der bisher Israels Staatsgründer David Ben-Gurion vorbehalten war.

Jitzhak Rabin war Israels erster im Lande geborener Ministerpräsident. Ein charakteristischer Sabre, so genannt nach der legendären Kaktusfrucht, die außen stachelig und innen süß ist. In seiner Person, in seinem Wesen und in seinen Errungenschaften verkörperte er mehr als jeder andere das Wachstum und die Entwicklung des jungen Israel. »Er war einer von uns«, meinten viele. Er sprach ihre Sprache, direkt, ohne alle Vorspiegelungen.

Das Jerusalem, in dem er am 1. März 1922 als erster Sohn einer wahren Arbeiterpionierfamilie zur Welt kam, und das kleine, noch ganz junge Tel Aviv, in dem er seine Kinder- und ersten Jugendjahre verbrachte, waren provinzielle Städte. Seine Mutter, Rosa Cohen, auch die »rote Rosa« genannt, war eine dogmatische Sozialistin, die wenig Zeit für den kleinen Jitzhak und für die drei Jahre jüngere Schwester Rachel hatte. Der Vater Nhemiah arbeitete lange Stunden in der Elektrizitätsgesellschaft und war auch in der Arbeiterbewegung tätig. Die Disziplin zu Hause war streng, und Rabins Kinderjahre waren auch von der Krankheit seiner Mutter geprägt. Sie starb, als er vierzehn Jahre alt war.

Ein wichtiges Kapitel im Leben des jungen Rabin waren die Studienjahre in der Landwirtschaftsschule Kadoorie, am Fuß des Berges Tabor, wo er seinen späteren Kommandanten Jigal Allon kennenlernte. Zwischen den beiden bildete sich eine besondere Freundschaft, die bis zu Allons Tod 1980 hielt. Die Jahre des freiwilligen – unter der britischen Mandatsmacht illegalen – Militärdienstes in den Palmach-Eliteeinheiten waren ausschlaggebend für seine weitere Militärkarriere. Bei den vielen schweren Kämpfen 1948 zur Befreiung Jerusalems von seiner Belagerung war der 26jährige Rabin schon Kommandant einer Brigade.

Rabin wurde schließlich einer der jüngsten Generalstabschefs. Im Alter von 42 Jahren übernahm er 1964 das Amt, das er bis 1968 innehatte. In diese Zeit fiel auch Israels großer Sieg im sogenannten Sechstagekrieg im Juni 1967, unter Rabins Befehl. Als Rabin seine langjährige Militärkarriere beendete, beschlossen die »Parteiälteren« der Arbeitspartei, darunter Levi Eschkol und Golda Meïr, Rabin für höhere politische Ämter vorzubereiten.

Zum Erstaunen vieler wurde der 46jährige General Israels Botschafter in Washington. Im republikanischen Washington Richard Nixons und Henry Kissingers, vier Jahre vor Watergate, lernte der junge General die Welt der internationalen Politik kennen. Mit seinen besonderen Sabre-Charaktereigenschaften war Rabin einer der undiplomatischsten Diplomaten der amerikanischen Hauptstadt, doch wegen seiner scharfen analytischen Beobachtungen wurde er sehr geschätzt. Seine in Königsberg geborene Frau Lea, mit der er schon zwanzig Jahre verheiratet war, war die ideale Washingtoner Botschaftergattin und -gastgeberin.

Während der großen Krise in Jordanien, im »schwarzen September« 1970, als Jassir Arafats PLO und Syrien das Regime König Husseins direkt gefährdeten, versprach Rabin über die Amerikaner für den Notfall israelische Unterstützung. Danach fühlte sich Hussein frei, seine kleine Luftwaffe gegen die syrischen Panzer einzusetzen, und entschied damit die Schlacht zu seinen Gunsten. Diese Episode ist einer der Grundsteine der engen Beziehungen, die zwischen König Hussein und Rabin entstanden sind. Der Jom-Kippur-Krieg vom Oktober 1973 führte im April 1974 zum Rücktritt von Golda Meïr, trotz der Wahlen, die im Dezember 1973 stattgefunden hatten. Jitzhak Rabin, einige Monate zuvor aus Washington nach Israel zurückgekehrt, war einer der wenigen Minister der Arbeitspartei, die von diesen politischen Erschütterungen unberührt blieben. Er war der bevorzugte Kandidat der alten Garde für das Amt des Ministerpräsidenten. Auch Schimon Peres, wie Rabin ein Juniorminister in Golda Meïrs Kabinett, entschloß sich zu kandidieren. Überraschend gewann Rabin nur mit einer knappen Mehrheit.

Drei Jahre Streit und Rivalität zwischen beiden sollten folgen. Bei den Wahlen von 1977, mit Peres als Spitzenkandidat, verliert die Arbeitspartei das erste Mal seit der Staatsgründung die Macht an die rechte Likud-Partei von Menachem Begin. Es folgen sieben Jahre in der politischen Wüste der Opposition. Die Rivalität zwischen Peres und Rabin wird zu der Zeit immer schlimmer. Peres baut die geschlagene Arbeitspartei wieder auf. Nach den Wahlen von 1984, bei denen die beiden großen Lager fast dieselbe Anzahl der Mandate erhalten, bilden Arbeitspartei und Likud-Block eine große Koalition. Rabin wird Verteidigungsminister, erst zwei Jahre unter Peres als Ministerpräsidenten und dann unter dem Likud-Vorsitzenden Jitzhak Schamir.

Die große Koalition hält über die Wahlen von 1988 hinaus bis zum Frühjahr 1990. Rabin ist als Verteidigungsminister in seinem Element. Doch der Palästinenseraufstand – die Intifada –, der im Dezember 1987 ausbricht, erschwert die Aufgabe. Rabin, der politische Analytiker, erklärt schon sechs Wochen später, die Intifada sei das wichtigste Ereignis für die Palästinenser seit 1948. Zum ersten Mal nähmen sie ihr Schicksal in die eigenen Hände und würden nicht von anderen arabischen Staaten ausgenutzt.

Im Frühjahr 1990 bricht die große Koalition von Likud und Arbeitspartei zusammen. Die Arbeitspartei geht wieder in die Opposition, doch dieses Mal nur für kurze Zeit. Nach einem vollkommen auf Rabin zugeschnittenen Wahlkampf siegt bei den Parlamentswahlen 1992 die Arbeitspartei, Rabin wird zum zweiten Mal Regierungschef, Peres Außenminister. Nach etlichen mißlungenen Versuchen, die Verhandlungen mit der jordanisch-palästinensischen Delegation wieder auf die Gleise zu bringen, kommt es zu geheimen Gesprächen mit autorisierten PLO-Vertretern. Noch ist Rabin sehr zurückhaltend.

Das Osloer Abkommen, das am 13. September 1993 in Washington von Israel und von den Palästinensern unterschrieben wird, überrascht Israel, den Nahen Osten und die ganze Welt. Mit jedem gelungenen Schritt und jedem Abkommen mit den Palästinensern, trotz immer neuen Terrors, klingt Rabin überzeugter als zuvor. Der große Feldherr und Staatsmann, der aus dem jungen, schüchternen Landwirtschaftsschüler geworden ist, kann zusammen mit Peres wichtige Brücken zum Nahostfrieden bauen. Im Dezember

1994 erhalten Rabin, Peres und Arafat in Oslo den Friedens-nobelpreis.

Der Sieger des Sechstagekriegs von 1967 will jetzt seine ganze Energie und Tapferkeit dem Frieden widmen. Zehn Tage vor dem Attentat hält Rabin seine feierliche Rede bei den Vereinten Nationen in New York aus Anlaß der 50. Jahresfeier der UNO. Er gratuliert dem PLO-Vorsitzenden Arafat zu seinem Mut, Israels Partner zum Frieden zu sein. Die meisten arabischen Delegationen bleiben im Saal und applaudieren.

Bei der großen Friedenskundgebung am vorigen Samstag, dem 4. November, in Tel Aviv jubeln fast hunderttausend begeisterte Menschen und skandieren »Rabin, Rabin«. Die ehemaligen Rivalen Rabin und Peres umarmen sich in Freundschaft, und die Friedenshymne erklingt aus Tausenden von Kehlen. Dann bringen zwei Revolverkugeln dieses einzigartige Leben zu seinem furchtbaren Ende. Das verwaiste Israel ist in Tränen und Trauer und will Rabins Friedenstestament erfüllen.

Aus: »Die Zeit«, 9. November 1995

Ari Rath, langjähriger Chefredakteur der »Jerusalem Post«, lebt als freier Publizist in Jerusalem.

Größer als das Leben

Von Uri Avnery

Vor unseren Augen entsteht ein Mythos. Jitzhak Rabin, ein Mensch, den ich kannte, mit dem ich viele Male diskutierte und Whisky trank, wird zu einem überlebensgroßen Denkmal.

Am Tatort versammelten sich kurz nach dem Mord Tausende von Jugendlichen, für die bis dahin Popkonzerte wichtiger waren als irgendeine politische Betätigung. Sie hockten schweigend auf dem Boden, zündeten Gedächtniskerzen an, standen auf und wurden von anderen abgelöst, Tag für Tag, Nacht für Nacht. Auf alle Wände waren Liebesbekenntnisse an den Toten gekritzelt, naive Gedichte, kindliche Briefe und Zeichnungen geklebt.

Mehr als eine Million Menschen, jeder fünfte Israeli, kamen zum Friedhof in Jerusalem, um zu weinen und Blumen niederzulegen. Am Begräbnis nahmen Tausende von Würdenträgern aus der ganzen Welt teil – und fast alle, Präsidenten und Minister, Parlamentarier und Generäle, ein König und zwei Königinnen, wischten sich die Tränen aus dem Gesicht.

Ein neuer Rabin entsteht in diesem Gefühlsausbruch, vielleicht viele neue Rabins – denn jeder, der in diesen Tagen über ihn gesprochen und geschrieben hat, Professoren wie Abc-Schützen, stellt sich einen Rabin vor, der seiner eigenen Geisteswelt entspricht: den gütigen Vater seines Volkes, der den Tod jedes einzelnen seiner Kinder beweinte; den Soldaten, der sein Leben für den Frieden gab; den Staatsmann, der ganzen Welt ein Vorbild; den sagenhaften Helden, auf dem Weg zum heiligen Ziel von frevelhafter Hand gefällt.

Und immer wieder taucht der Vergleich mit Mose auf: »Schaue das Land Kanaan... Dann stirb auf dem Berge, auf den du hinaufgestiegen bist... Denn du sollst das Land vor dir sehen, das ich den Israeliten gebe, aber du sollst nicht hineinkommen« (5. Mose 32). So hat Rabin, der neue biblische Prophet, die Kinder Israels bis zum Land des Friedens geführt, aber es war ihm nicht beschieden, den Jordan zu überschreiten und in dieses Land hineinzukommen.

Warum hat gerade Rabin, im Augenblick seines Todes, solche übermenschliche Dimension angenommen? Wie hat gerade dieser nüchterne, schüchterne, kontaktarme Mensch die inbrünstige Liebe von Millionen erweckt? Rabin selbst hatte für Symbole und Mythen nichts übrig.

Siebzig Jahre lang war Jitzhak Rabin ein Konformist, Mitglied einer Generation, die im Schatten ihrer großen Eltern, der legendären Helden der zionistischen Revolution, aufgewachsen war. Die Macht ihrer Ideologie, einer politischen und sozialen Religion, bestimmte seinen Lebenslauf. Und dann, scheinbar ganz plötzlich, betrat er einen ganz neuen Weg – und löste eine Revolution im Leben Israels aus.

Dreißig Tage vor seinem Tod, in seiner letzten Knessetrede zu Beginn der Debatte über das neue Abkommen mit den Palästinensern, sprach er einen schicksalsschweren Satz aus, der im Laufe der stürmischen Auseinandersetzung nicht beachtet wurde. Er bestand aus vier hebräischen Worten: »Wir kamen nicht in ein leeres Land!« Vier Worte, die ein hundert Jahre altes Dogma zerbrachen.

Es ist nämlich ein zionistischer Glaubensartikel, daß Palästina ein leeres Land war, als die moderne jüdische Einwan-

130

derung 1882 begann, und daß erst die Juden die Wüste zum Blühen brachten. Darauf gründet sich der Anspruch auf absolutes Recht – Golda Meïrs Diktum, es gebe keine Palästinenser, ebenso wie das ideologische Fundament der Siedlungen in den besetzten Gebieten. Daran glaubten auch Rabin und seine Generation von Jugend an.

Er war der Prototyp dieser Generation, so wie seine Eltern die typischen zionistischen Gründer waren. Seine Mutter, Rosa Cohen, ist auf dem Foto einer Kundgebung zum 1. Mai in den zwanziger Jahren in Tel Aviv verewigt. Stolz trägt sie die rote Fahne voraus, unerschütterlich in ihrer sozialistisch-zionistischen Überzeugung. Auch der Vater widmete jede freie Stunde der Haganah, der illegalen Verteidigungsorganisation.

Für diese ganze Generation war es selbstverständlich, zu kämpfen und nicht zu zweifeln, auszuführen und nicht zu fragen, »das Volk auf den Schultern zu tragen«, wie es hieß – auch buchstäblich. Als die Schiffe mit illegalen Einwanderern nach dem Holocaust bei Nacht und Nebel an der Küste Palästinas landeten, wateten Rabin und seine Kameraden ins Wasser, um Kranke und Kinder auf dem Rücken ans Ufer zu bringen.

In der Schule war allen Jungen klar, ihr Leben müsse dem Volk gewidmet werden – im Kibbuz, der Wehrsiedlung, die nicht nur eine gerechte Gesellschaft schaffen, sondern auch militärischer Vorposten im Kampf um das Land sein sollte. Darum besuchte Rabin die landwirtschaftliche Schule Kadoorie beim Berg Tabor und wollte Bewässerung studieren.

Anstatt der Wasserleitungen wählte er Gewehrläufe. Mit kaum 18 Jahren kam er zur Palmach, der ersten stehenden Truppe des zionistischen Gemeinwesens in Palästina. Sie gehörte zur Haganah, der illegalen Miliz der zionistischen Führung, und wurde während des Zweiten Weltkriegs von den Briten geduldet, da sie im Fall eines deutschen Sieges im Nahen Osten einen Partisanenkrieg gegen die Wehrmacht führen sollte.

Rabin wurde schnell Kompanieführer. Nachdem die Gefahr eines deutschen Durchbruchs durch die Schlacht bei El Alamein gebannt worden war, konnte sich die Palmach auf ihre wahre Aufgabe konzentrieren: den Kampf gegen die Palästinenser. Rabin und seine Kameraden waren in diesen Konflikt hineingeboren – der Krieg bestimmte ihre Geisteswelt, ihren ganzen Lebenslauf, ihre Lieder und ihre Witze. Er war das Zentrum der Wirklichkeit, in der sie aufwuchsen. Seine Frau, Lea Schloßberg aus Königsberg, lernte ihn auf der Straße kennen, als er einen Tag Urlaub hatte. Sie meldete sich sofort bei der Palmach. Er heiratete sie 1948 während einer Kampfpause in Uniform.

Rabin gestand in seinen Memoiren, daß er 1948 nach der Eroberung der arabischen Städte Lydda und Ramla 50 000 Bewohner mit der Waffe vertrieb. Da es zu den irsaelischen Grundüberzeugungen gehört, daß die Palästinenser ihre Städte und Dörfer freiwillig verließen, war dieses Geständnis zwar sehr ehrlich, aber für die damalige Regierung äußerst ärgerlich. Rabin bestätigte, daß eine ethnische Säuberung stattgefunden hatte.

Als Botschafter in Washington empfahl er der Regierung Golda Meïrs 1973, Ägypten »in der Tiefe« zu bombardieren, ein Beschluß, dem auch Hunderte von Arbeitern und Schulkindern zum Opfer fielen. Als Verteidigungsminister stieß er in den ersten Tagen der Intifada die unheilvollen Worte aus: »Brecht ihnen die Knochen!« Die Soldaten nahmen das wörtlich und zerschmetterten Hunderten von Palästinensern, auch Alten und Kindern, Arme und Beine. Als Ministerpräsident trat er für verschärfte Verhöre palästinensischer Verdächtiger ein – euphemistisch wurde die Folter »milder physischer Druck« genannt. Einer seiner allerletzten Befehle an den Mossad lautete, den palästinensischen Top-Terroristen Schakaki auf Malta umzubringen.

Militärische Härte war für Rabin im Kampf um die Existenz Israels logisch und notwendig. Für die Sicherheit des Staates und seiner Einwohner war er bereit, alles Nötige zu tun. Trotz dieser Härte war er weit davon entfernt, ein Fanatiker oder Extremist zu sein. Nach dem unglaublichen Sieg im Sechstagekrieg, als ganz Israel sich im Siegestaumel befand, sagte der Generalstabschef Rabin: »Wir können uns nicht mit ganzem Herzen freuen... Ich weiß, daß auch der schreckliche Preis, den der Feind bezahlt hat, die Herzen unserer Kämpfer tief berührt.«

Zu der Zeit führte ich einen geheimen Briefwechsel mit ihm. Es war mir zu Ohren gekommen, daß am Jordan massenhaft Flüchtlinge, darunter Frauen und Kinder, erschossen wurden, während sie nachts versuchten, wieder nach Hause zu kommen. Rabin versprach einzugreifen, und soviel ich weiß, wurde dem auch ein Ende gesetzt.

1969 benannte die Arbeitspartei als neuen Regierungschef Golda Meïr. Der Staatspräsident bat auch mich, den Vorsitzenden einer kleinen Fraktion in der Knesset (die sich für die sofortige Gründung eines Palästina-Staats in den besetzten Gebieten einsetzte), pro forma zu erklären, wen ich als neuen Premier bevorzugen würde. Golda gebärdete sich wie ein extremer Falke, und ich suchte eine Persönlichkeit, die zur Arbeitspartei gehörte, aber als Taube galt. So schlug ich Rabin vor.

Ein paar Monate später besuchte ich ihn in der israelischen Botschaft in Washington. Ich wollte im Weißen Haus und im Kongreß für Frieden mit den Palästinensern werben und stieß überall auf Ablehnung. Rabin war freundlich und sachlich wie immer. Auch er lehnte meine Idee ab. Er sagte aber, er bevorzuge eine »offene« Grenze gegenüber einer »sicheren« Grenze, dem Codewort damals für Annexion.

Ein richtiger Dialog entstand zwischen uns erst 1975, und darum bin ich vielleicht der einzige Zeuge, der über Rabins Wandlung aussagen kann. Kurz zuvor hatte ich begonnen, in Europa heimliche Kontakte zur PLO-Führung zu knüpfen. Die palästinensischen Partner und ich beschlossen, Arafat und Rabin über den Inhalt der Gespräche zu unterrichten. Rabin sagte mir: »Ich bin absolut gegen den Kurs, den du empfiehlst. Aber ich verbiete dir nicht, diese Kontakte weiterzuführen.«

Die Gespräche verliefen stets freundschaftlich und nüchtern; er hörte auch gut zu, was ja bei Politikern nicht immer selbstverständlich ist. Rabin stemmte sich von allen israelischen Politikern am entschlossensten gegen jede Annäherung an die Palästinenser und gegen jede Verhandlung mit der PLO. Er war schließlich immer der proamerikanischste Politiker im proamerikanischen Israel und betrieb seine Politik damals in enger Abstimmung mit Henry Kissinger.

Pragmatisch und sachlich, aber auch phantasielos und ohne Intuition, entsprach seine Denkweise dem ironischen Satz seines Feindes Abba Eban: »Menschen und Nationen tun immer das Richtige, nachdem alle anderen Möglichkeiten erschöpft sind.«

Seine Amtszeit als Premier nahm 1977 ein plötzliches Ende, die religiösen Koalitionspartner brachten die Regierung zum Sturz. Rabin ging in die Wahlen als Führer der Arbeitspartei. Da entdeckte ein israelischer Journalist ein Konto Rabins bei einer amerikanischen Bank, das nicht aufgelöst worden war, als er den Botschafterposten in Washington verlassen hatte.

Ein kleines Delikt, aber nach ein paar Korruptionsaffären waren solche Sachen damals in Israel sehr verpönt. Der

Staatsanwalt leitete ein Gerichtsverfahren gegen Lea Rabin ein. Rabin stellte sich vor seine Frau und demissionierte. Peres wurde Führer der Partei – und verlor die Wahlen. Als unglücklicher Parlamentarier in der Opposition hatte Rabin Zeit, nachzudenken und eine Bilanz zu ziehen.

So kam Rabin nach vielen Jahren des Kampfes langsam zu der Erkenntnis, das Palästina-Problem lasse sich nicht mit Gewalt lösen. Es wurde ihm auch klar, daß König Hussein nicht daran dachte, gegen den Willen der Palästinenser Frieden zu schließen. Nur die Palästinenser selbst blieben als Partner.

Heimliche Gespräche mit den palästinensischen Persönlichkeiten in den besetzten Gebieten überzeugten ihn, daß es keiner von ihnen wagen würde, etwas ohne Genehmigung Arafats zu tun. Für einen logischen Menschen wie Rabin war die Konsequenz klar: Man mußte mit der PLO verhandeln, alles andere führte zu nichts.

Vor den Wahlen von 1992 verkündete er, »innerhalb von sechs bis neun Monaten eine Lösung mit den Palästinensern« herbeizuführen. Ich rief dazu auf, ihn zu wählen. Doch alles ging langsam, stockend, zögernd. Am Ende ging es doch.

Ein Jahr vor Oslo war ich wieder bei Arafat in Tunis. Ich gab mir Mühe, Arafat davon zu überzeugen, daß Rabin es ernst meine und »so ehrlich ist, wie ein Politiker überhaupt sein kann«. Arafat lachte laut. Nach meiner Rückkehr bat ich Rabin um ein Gespräch. Mir wurde klar, daß er sich entschlossen hatte, mit den Palästinensern eine Lösung zu finden.

Als er 1993 endlich die PLO als Vertretung »des palästinensischen Volkes« anerkannte, beim Handschlag in Washington, sah Rabin aus, als ob er eine nötige, aber übelschmeckende Medizin schlucke. Es dauerte noch zwei Jahre, bis er mit Arafat ungezwungen und beinah freundlich sprechen konnte.

Rabin war kein Rabbiner, der auf dem Weg nach Damaskus plötzlich vom Saulus zum Paulus wurde. Schleppend und schwer rang er sich zu einer neuen Überzeugung durch. Aber danach ließ er sich von nichts beirren, schon gar nicht von Beschimpfungen und Drohungen. Er zögerte oft, schritt vielleicht zu undramatisch voran – aber es war dieser Mann, der den historischen Umschwung im Leben Israels bewirkte. So wurde er Zielscheibe all derer, die Obsessionen, Haßgefühle und Vorurteile von vier Generationen nicht überwinden können.

Und so kam er um – eben noch umjubelt von hunderttausend Menschen, in einem glücklichen Moment und mit den letzten Klängen der israelischen Friedenshymne im Ohr. Ein unwahrscheinlicher Revolutionär, ein noch unwahrscheinlicherer Heiliger.

Aus: »Der Spiegel« 46/1995

Uri Avnery wanderte 1933 von Deutschland nach Palästina aus. Der Friedensaktivist gehörte zehn Jahre der Knesset an.

Der Friedensprozeß im Nahen Osten – Stationen eines langen Weges

1882 – 1903 Erste Einwanderungswelle (Alija): Als Reaktion auf ihre Unterdrückung in Osteuropa kommen etwa 30 000 Juden nach Palästina.

1896 Theodor Herzl veröffentlicht sein Werk »Der Judenstaat«.

29. – 31. August 1897 Erster Zionistenkongreß in Basel, der die Schaffung einer gesicherten Heimstätte für das jüdische Volk in dem damals unter osmanischer Herrschaft stehenden Palästina fordert.

2. November 1917 Die Britische Regierung sichert den politischen Zionisten ihre Unterstützung bei der Schaffung einer »jüdischen Heimstätte« in Palästina zu (Balfour-Deklaration).

24. April 1920 Konferenz der Alliierten in San Remo überträgt Großbritannien das Mandat für Palästina.

Dezember 1920 Der Dritte Palästinensische Nationalkongreß, der in Haifa stattfindet, verlangt für Palästina eine einheimische Regierung.

1932 – 1938 Als Reaktion auf die Verfolgung in Deutschland und Europa kommen mehr als 250 000 jüdische Einwanderer nach Palästina.

1936 – 1939 Widerstand der Palästinenser gegen die britische Mandatspolitik und die zionistische Kolonisation erreicht einen Höhepunkt.

29. November 1947 UN-Vollversammlung beschließt mit der Resolution 181/II die Teilung Palästinas und die Gründung eines jüdischen und eines arabisch-palästinensischen Staates sowie die Internationalisierung des Gebietes von Jerusalem.

Die USA setzen sich für neue Einwanderungen in Palästina ein und billigen die Teilung, bei gleichzeitiger wirtschaftlicher Einheit und neutraler Stellung Jerusalems. Das lehnen die Vertreter der Araber kategorisch ab.

14. Mai 1948 Proklamation des Staates Israel.

14./15. Mai 1948 Arabische Armeen beginnen mit einem Angriff auf Israel den ersten arabisch-israelischen Krieg (Unabhängigkeitskrieg oder 1. Israelisch-Arabischer Krieg, 1948/49).

11. Dezember 1948 UN-Resolution mit Bekräftigung des Rechts auf Rückkehr oder Wiedergutmachung für Palästinenser.

29. Oktober – 5. November 1956 Suez-Krise (2. Israelisch-Arabischer Krieg). Dem steigenden Einfluß der Sowjetunion im Nahen Osten setzt die USA die sogenannte Eisenhower-Doktrin entgegen. Die Region gerät damit in den Ost-West-Konflikt der Supermächte.

1958/59 Palästinenser, darunter Jassir Arafat, gründen in Kuwait die Bewegung zur Befreiung Palästinas, Al Fatah.

28. Mai – 2. Juni 1964 Tagung des Ersten Palästinensischen Nationalkongresses, Gründung der Palästinensischen Befreiungsorganisation (PLO). Sowohl nach dem Ersten Weltkrieg als auch nach dem Zweiten fühlten sich die Palästinenser um ihre Ansprüche betrogen.

5. – 10. Juni 1967 Sechs-Tage-Krieg (3. Israelisch-Arabischer Krieg). Endgültige Lösungen hatten beide Kriege bislang nicht gebracht. In einem überraschenden Angriff kann Israel die arabische Front zurückdrängen. Waffenstillstandsaufforderung des UN-Sicherheitsrates. Aus den besetzten Gebieten im Gaza-Streifen und im Westjordanland fliehen die Palästinenser vor den heranrollenden israelischen Truppen.

1970 In Jordanien entbrennen zwischen Jordaniern und Palästinensern bürgerkriegsartige Auseinandersetzungen, die mit einer Niederlage der Palästinenser enden (Schwarzer September).

6. – 26. Oktober 1973 Jom-Kippur-Krieg (4. Israelisch-Arabischer Krieg). Die Kämpfe und die Gewalt von beiden Seiten hören nicht auf. Entführungen und Anschläge werden von den Palästinensern als Druckmittel zur Durchsetzung ihrer Ziele benutzt. Ein neuer Krieg droht, denn das Ergebnis des Sechs-Tage-Krieges wollen die Palästinenser nicht anerkennen.

13. November 1974 Erste Rede Jassir Arafats vor UNO-Vollversammlung.

139

5. – 17. September 1978 Die in Camp David zwischen Jimmy Carter, Anwar al Sadat und Menachem Begin getätigte Verhandlungen sehen unter anderem für die Palästinenser in den israelisch besetzten Gebieten eine Autonomie vor.

26. März 1979 Friedensvertrag zwischen Israel und Ägypten. Im Rahmen dieses Vertrages gibt Israel den Sinai an Ägypten zurück. Außerdem werden diplomatische Beziehungen zwischen beiden Staaten aufgenommen.

6. Juni 1982 Israelische Truppen dringen in den Libanon ein, um dort die Palästinenser zu bekämpfen.

21. August – 4. September 1982 13 000 palästinensische Kämpfer ziehen, nachdem sie Wochen hindurch dort eingekesselt waren, aus Westbeirut ab.

8. Dezember 1987 In den israelisch besetzten Gebieten beginnen Palästinenser, vor allem Jugendliche, eine Rebellion gegen das Besatzungsregime (Intifada).

15. Dezember 1988 Die PLO proklamiert auf dem XIX. Nationalkongreß den Staat Palästina bei Anerkennung der Existenz Israels.

1989 Im Mai 1989 nimmt Israels Regierung unter Führung Ministerpräsident Jitzhak Schamirs eine auf den Vereinbarungen von Camp David beruhende Friedensinitiative auf. Der Vier-Punkte-Vorschlag ruft auf zu freien, demokratischen Wahlen in Judäa, Samaria und dem Gaza-Streifen; direkten Friedensverhandlungen zwischen Israel und den arabischen Staaten; einer internationalen Bemühung zur Lösung des Problems arabischer Flüchtlinge und einer Stärkung der Beziehungen mit Ägypten, mit dem Ziel, die Camp-David-Vision des Friedens zu fördern.

30. Oktober 1991 Nach einigen Monaten der »Pendeldiplomatie« des amerikanischen Außenministers James Baker wird unter gemeinsamer Schirmherrschaft der Vereinigten Staaten und der Sowjetunion am 30. Oktober 1991 die Nahost-Friedenskonferenz in Madrid eröffnet, an der Delegationen aus Israel, dem Libanon und Syrien sowie eine gemeinsame jordanisch-palästinensische Delegation teilnehmen. In seiner Rede vor der Konferenz sagt Ministerpräsident Schamir: »Laßt uns das Ende des Krieges erklären, das Ende der Kämpfe und der Feindschaft. Laßt uns zusammen nach Versöhnung und Frieden suchen.«

Die Konferenz zielt auf zwei separate, aber parallele arabisch-israelische Verhandlungsebenen:

Bilaterale Verhandlungen: Gemäß der in Madrid festgelegten Grundlinien werden bilaterale Gespräche mit vier arabischen Partnern geführt. Diese direkten Gespräche verlaufen zweigleisig: zum einen mit den arabischen Staaten, zum anderen mit Palästinensern aus den verwalteten Gebieten. Israels Verhandlungen mit Syrien, dem Libanon und Jordanien zielen auf die Unterzeichnung von Friedensverträgen. Die Gespräche mit den Palästinensern konzentrieren sich auf die Zwei-Phasen-Lösung, bei der es zunächst um die Formulierung einer Regelung für eine Interims-Periode palästinensischer Selbstverwaltung geht; später sollen Verhandlungen über den endgültigen Status der Gebiete folgen.

Multilaterale Verhandlungen: Parallel zu den bilateralen Verhandlungen werden multilaterale Gespräche über Fragen und Probleme des Nahen Ostens geführt. Diese Gespräche finden in fünf Arbeitsgruppen statt, die sich den Bereichen Umwelt, Rüstungskontrolle, Flüchtlinge, Wasser und ökonomische Entwicklung widmen. An diesen Gesprächen sind viele andere arabische Staaten und internationale Parteien in unterschiedlicher Eigenschaft beteiligt, um durch gemeinsame Bemühungen und regionale Kooperation eine bessere Zukunft für den Nahen Osten zu entwerfen.

Im Juli 1992 erklärt der neugewählte Ministerpräsident Jitzhak Rabin bei der Vorstellung seiner Regierung: »Diese Regierung ist entschlossen, die nötige Energie aufzubringen, um jeden Weg zu gehen, um alles Notwendige, alles Mögliche und mehr zu tun... um Frieden zu erreichen und Krieg zu vermeiden... (Sie) hat es sich entsprechend zum ersten Ziel gesetzt, den Friedensprozeß zu fördern und mutige Schritte zu tun, die den arabisch-israelischen Konflikt beenden werden.«

1993 Bei Verhandlungen mit Palästinensern wird im September 1993 der Durchbruch erreicht, als der PLO-Vorsitzende Jassir Arafat einen Brief an Ministerpräsident Rabin richtet, in dem er Israels Recht auf eine Existenz in Frieden und Sicherheit anerkennt und sich von Terrorismus und Gewalt lossagt. Im Gegenzug erkennt Israel die PLO als die Repräsentantin des palästinensischen Volkes an. Dies führt schließlich zu einer gemeinsamen Prinzipienerklärung, die von beiden Parteien in Washington unterzeichnet wird. In dieser Erklärung werden die Grundlinien für die vorgeschlagene Interims-Selbstverwaltung dargelegt, auf die sich beide Seiten geeinigt hatten. Diese Regelungen schließen die frühzeitige Implementation palästinensischer Selbstverwaltung in Gaza und Jericho ein und schlagen die Wahlen eines palästinensischen Rates sowie Pläne für eine umfangreiche ökonomische Zusammenarbeit vor.

4. Mai 1994 Gaza-Jericho-Abkommen. Diese Vereinbarung zur Autonomie für die Palästinenser widmet sich vier Hauptpunkten: Sicherheitsregelungen und Rückzug der israelischen Streitkräfte, zivile sowie rechtliche Angelegenheiten und wirtschaftliche Beziehungen. Sie sollen ein langfristiges, friedliches Nebeneinander von Israelis und Palästinensern sichern. Für die PLO wird es dabei vor allem darauf ankommen, nach der Übernahme der Selbstverwaltung in Jericho und im Gaza-Streifen mit Hilfe der 9000 Mann starken Polizeitruppe die Sicherheit der autonomen Gebiete zu gewährleisten und die innerpalästinensischen Gegner des Friedensprozesses zu kontrollieren. Auch Israel muß es gelingen, langfristig alle Bevölkerungsgruppen in eine friedliche Entwicklung mit einzubeziehen. Am Ende wird es wohl dann um einen unabhängigen Staat Palästina an der Seite Israels gehen.

Ungelöst blieben in Kairo allerdings noch zentrale Streitpunkte: der Status von Jerusalem, die Frage der jüdischen Siedlungen in Gaza und Westjordanland sowie natürlich der Anspruch der Palästinenser auf einen eigenen Staat.

14. Oktober 1994 Jassir Arafat, Schimon Peres und Jitzhak Rabin erhalten in Oslo den Friedensnobelpreis.

26. Oktober 1994 Frieden mit Jordanien. Im Zuge des Friedensprozesses zwischen Israel und der PLO kommt es im Jahr 1994 zu einem weiteren, schon seit langem erwarteten Friedensschluß. Am 26. Oktober 1994 unterzeichnen der israelische Ministerpräsident Jitzhak Rabin und der jordanische Ministerpräsident Salam al-Madjali im Grenzgebiet zwischen beiden Staaten am Roten Meer nach dreimonatigen Verhandlungen einen Friedensvertrag zwischen Israel und dem Königreich Jordanien. Damit ist Jordanien nach Ägypten der zweite arabische Staat, der mit Israel einen Frieden schließt.

Der Friedensvertrag umfaßt auch Abmachungen über die Verteilung der Wasserressourcen, über den endgültigen Grenzverlauf, den gemeinsamen Kampf gegen Verbrechen und Drogenhandel, Umweltfragen sowie Abmachungen über Grenzübergänge zwischen Israel und Jordanien.

Maßgeblich beteiligt am Zustandekommen dieses Friedensvertrages sind die USA. Nachdem US-Präsident Bill Clinton dem Königreich Jordanien einen Schuldenerlaß von 700 Millionen US-Dollar und Militärhilfe in Aussicht gestellt hat, beginnen am 18. Juli 1994 auf der Waffenstillstandslinie von 1948 nördlich von Eilat israelisch-jordanische Friedensverhandlungen. Eine Woche später beenden Ministerpräsident Rabin und der jordanische König Hussein den Kriegszustand zwischen den beiden Nachbarstaaten nach einer Dauer von 46 Jahren.

Quelle: Israel. Geschichte, Wirtschaft, Gesellschaft.
Informationen zur politischen Bildung.
Bundeszentrale für Politische Bildung (Hrsg.), 2/1995